Michael Mary

Begegnungen mit
dem Inneren Kind

In Partnerschaften, in Beziehung
zu sich selbst,
den Menschen und der Welt

Michael Mary

Begegnungen mit dem Inneren Kind

In Partnerschaften, in Beziehung zu sich selbst, den Menschen und der Welt

© 2015 by Henny Nordholt Verlag Testorfer Str.2 D 19246 Lüttow

print: 978-3-926967-04-6

epub: ISBN 978–3–926967–20–6

pdf:　ISBN 978–3–926967–25–1

Besuchen Sie die Homepage des Verlages info@nordholtverlag.de

Besuchen Sie auch die Homepage des Autors, dort finden Sie Bücher, eBook, Videos und Hinweise auf seine Arbeit.

www.michaelmary.de

Inhalt

Vorwort 5

Einleitung 6

Übersicht 12

Definition 15

Einfluss 17

Auswirkungen 23

Begegnungen 27

Umgang 40

Herausforderungen 43

Die Figuren Inneres Kind/Innerer Erwachsener 54

Entdeckung 63

Befähigung 72

Der Dialog mit dem Inneren Kind 78

Befreiung 91

Möglichkeiten und Grenzen 93

Übungen

    Zwänge und Erlaubnis 97

    Sonden 98

    Einfacher Drei-Seiten-Dialog 101

    Erlebter Drei-Seiten-Dialog 103

Über den Autor 106

Möglichkeiten der Vergangenheitsbewältigung

Ich biete verschiedene Möglichkeiten an, sich mit dem Thema Vergangenheitsbewältigung zu befassen. Neben dem vorliegenden Buch sind dies.

Arbeitsbuch: Das Arbeitsbuch 'Selbstliebe'. Sie arbeiten dieses Buch durch und erstellen dabei ihr 'Lebensbuch'. Quer durch ihr Leben halten Sie an 31 Stationen an und verfolgen nach, welchen Einfluss die damaligen Ereignisse auf Ihr gegenwärtige Leben haben. Mehr Info unter:

www.michaelmary.de/daten/buch-selbstliebe.htm

Online-Workshops:

- Sich selbst lieben – mehr Infos unter:

http://www.michaelmary.de/online-ws-sich selbst lieben.htm

- Das Innere Kind – mehr Infos unter:

http://www.michaelmary.de/online-ws-das innere kind.htm

Vorwort

Dieses Buch trägt seinen Titel „Begegnungen mit dem Inneren – Kind in Partnerschaften, in Beziehung zu sich selbst, den Menschen und der Welt" aus mehreren Gründen.

Zum einen ist die Entstehung und Entwicklung des Inneren Kindes untrennbar mit Beziehungen zu anderen Menschen verknüpft, allen voran zur Familie und der umgebenden Welt, in der wir aufwuchsen. Zweitens kommen Menschen meist über Beziehungen in Kontakt mit dem Inneren Kind, in den meisten Fällen über ihre Liebes– und Partnerbeziehungen. Und drittens greift der Umgang mit dem Inneren Kind entscheidend in die Beziehung des Menschen zu sich selbst ein. Das Thema Inneres Kind ist also in jedem Fall ein Beziehungsthema.

Dieses Buch wird durch eine kurze Schilderung persönlicher Erlebnisse eingeleitet. Dies geschieht vor allem deshalb, weil ich zu Beginn der Achtzigerjahre nirgends etwas über den Umgang mit dem Inneren Kind vorfand, denn Anfang der achtziger Jahre gab es eine solche Arbeit noch nicht.

Heute hat sich der Begriff 'Inneres Kind' in etlichen therapeutischen Schulen etabliert, wobei er dort auf eine eigne, von meiner Arbeitsweise unterschiedliche Art damit umgegangen wird.

Ich habe mein Konzept des Inneren Kindes und meine Art des Umgang mit dem Thema aus persönlichem Erleben und therapeutischer Erfahrung in verschiedenen Methoden humanistischer Psychologie entwickelt. Inzwischen ist daraus eine therapeutische Arbeitsmethode entstanden, die auch Menschen, die an sich selbst arbeiten wollen, einen Umgang mit dem Thema ermöglicht, die aber auch Therapeuten Anregungen vermitteln kann.

Einleitung

Persönliche Erfahrungen

1981 begannen meine persönlichen Erfahrungen mit dem Inneren Kind. 1982 fing ich in meinen Beratungen an, mit diesem Begriff zu arbeiten. 1985 schrieb ich mein erstes Buch[1], das Anfang 1986 erschien und in dem ich mein Konzept des Inneren Kindes skizzierte. Von 1986 bis 2000 fand das 14–tätige Seminar „Der Zyklus: Das Innere Kind" jährlich statt.

Meine Umgangsweise mit dem Thema hat nichts mit der später in esoterischen Kreisen verbreiteten „Heilung des Inneren Kindes" zu tun. Sie ist aufgrund persönlicher und beruflicher Erfahrung entstanden, sozusagen am „eigenen Leib". Ich kenne Sinn, Vorteile und Grenzen dieser Arbeit aus umfassender, körperlicher, emotionaler, geistiger und beziehungsmäßiger Perspektive.

Dieses Wissen, das sich für mein Leben als überaus hilfreich erwiesen hat, möchte ich in diesem Buch vermitteln. Leser werden darin eine Mischung aus Emotionalität und Nüchternheit finden. Diese Mischung ist themenbedingt. Denn auf der einen Seite geht es um tiefe körperlich, emotional und existenziell empfundene Lebensprozesse; auf der anderen Seite geht es um den Abstand dazu, ohne den ein konstruktiver Umgang mit dem Thema nicht möglich ist.

Erste Begegnungen mit dem Inneren Kind

Im Jahr 1980 bildete sich die Grundlage, die es mir ermöglichte, in den folgenden Jahren eigenverantwortlich mit dem Inneren Kind umzugehen. Damals schwand durch ein ungewöhnliches Erlebnis meine Scheu, mich mit extremen Gefühlszuständen zu befassen.

Ich besuchte mit meiner damaligen Freundin einen Bekannten in Amsterdam. Als ich von einem Spaziergang aus der Stadt zurück in die Wohnung kam, fand ich die beiden inmitten einer zärtlichen und leidenschaftlichen erotischen Begegnung. Ich ließ mich im Sessel des Nebenzimmers nieder, von wo aus ich beide sehen und hören konnte. In den folgenden vierzig Minuten erlebte ich Himmel und Hölle.

Einerseits spürte ich die Liebe zwischen den beiden und gleichzeitig auch meine Liebe für meine Freundin. Andererseits empfand ich einen furchtbaren Schmerz, weil nicht ich es war, dem ihre Liebe in diesem Moment galt.

So war ich verbunden durch Liebe und getrennt durch Schmerz - in ein und demselben Augenblick. Mein Herz ging auf und drohte zu zerreißen. Ich lachte und weinte zugleich und war wie gefesselt vom Geschehen. Ich konnte weder vor noch zurück, etwas hielt mich fest. Die Faszination dieses Erlebnisses zwang mich, die Situation bis zu ihrem Ende durchzustehen.

Von diesem Moment an befand ich mich in einem außergewöhnlichen Zustand, der zwei Tage anhielt. Wahrscheinlich war mein Körper von allen möglichen Hormonen und Endorphinen geflutet. Meine Wahrnehmung war stark verlangsamt und erweitert. Ich hörte, fühlte, sah, roch und schmeckte detaillierter, als ich es jemals zuvor empfunden hatte. Ich war auf eine nie erlebte, intensive und faszinierende Weise „da".

Und – ich hatte überlebt. Zwar hatte sich das Erlebnis wie sterben, ja beinah wie „krepieren" angefühlt. Ich war in meinem erwachsenen Leben nie zuvor durch ähnliche Schmerzen und Gefühle hindurchgegangen. Aber auf der anderen Seite angekommen fühlte ich mich außerordentlich klar und leicht.

In diesem Ereignis verloren tiefe emotionale Zustände viel

von ihren Schrecken. Ich war nie besonders ängstlich gewesen und hatte in meiner Beziehungsgeschichte stets eine Bereitschaft zu Experimenten gezeigt, was wohl damit zusammenhängt, dass ich nicht aus einem behüteten Elternhaus stamme und das mir vorgelebten Beziehungsverhalten stets in Frage stellte. Durch das oben geschilderte Erlebnis wuchs meine Experimentierbereitschaft zudem.

Etwa ein Jahr später geschah dann die erste direkte Begegnung mit dem Inneren Kind. Ich hatte mich auf eine Dreierbeziehung eingelassen, wollte dann aber meine neue Freundin allmählich auf meine Seite ziehen, was diese dazu brachte, auf recht abrupte Weise die Beziehung zu mir zu beenden.

So tief wie die Liebe war, die ich für diese Frau empfunden hatte, so tief war der Abgrund, in den ich nun fiel. Nachts konnte ich nicht schlafen. Ich lag wach und war nicht in der Lage, mich länger als eine Stunde auf irgendetwas anderes zu konzentrieren. Mein Kopf raste, meine Gedanken kreisten, mein Bauch schmerzte und mein Herz fühlte sich wund an. Allmählich breitete sich eine emotionale und körperliche Dynamik aus, die ich nicht aufhalten konnte. Da ich zugleich begreifen wollte, was mir geschah, gab ich dieser Dynamik nach.

Ich glitt auf den Boden und überließ mich meinem Körper. Pressende Geräusche quetschten sich durch meine zusammengekniffenen Lippen, mein Bauch spannte sich an und drückte wie wild. Ich bewegte mich, als ob ich Krämpfe hatte. Nach vielleicht zwanzig Minuten (eine Ewigkeit!) war ich „durch" dieses Erleben, entspannte mich schlagartig und lag bewegungslos. Dann brach das Wort „Luft" aus mir heraus, und mit ihm ein Schwall von Tränen und Euphorie. Ich atmete tief ein und rief die Worte „Ich bin da" immer wieder, begleitet von einem befreienden Weinen und überwältigenden Glücksgefühlen.

Dann glitt ich in absolute Stille und unendlichen Frieden hinein. Ich war „da". Diese Welt war unendlich. Ich war selig. Ich fühlte mich sicher und geborgen. Vor meinem inneren Auge tauchte das Bild eines Babys auf. Ich nahm dieses Kind an mein Herz und wurde eins mit ihm.

Was war geschehen? Ich hatte die körperlichen und emotionalen Empfindungen meiner Geburt wieder erlebt. Dieses Geburtserlebnis war die eigentliche Geburtsstunde meiner Arbeit mit dem Inneren Kind.

In der Folgezeit erlebte ich, ausgelöst durch Atemtherapie und Selbsterfahrung, verschiedene Aspekte meiner Geburt. Es tauchten schmerzliche, aber auch unendlich schöne Abschnitte dieses zentralen Ereignisses auf. Diese Erfahrungen sollten es mir ermöglichen, später andere Menschen durch ähnliche Zustände zu begleiten.

Eine weitere heftige Begegnung mit dem Inneren Kind wurde nicht durch Partnerschaftsthemen, sondern durch eine existentielle Bedrohung ausgelöst. Ich hatte mich in einer geschäftlichen Aktivität verrannt und stand plötzlich mit einem Berg Schulden da. Panik ergriff mich. In meinen nächtlichen Träumen fand ich mich in Schuldtürmen eingesperrt. Ich sah regelrecht schwarz. Mein Leben würde aus dem Abzahlen von Schulden bestehen. Ich würde mir nichts leisten können. Ich würde ein Sozialfall werden. Diese Panik war stärker, als ich es je für möglich gehalten hätte. Das Leben schien auf eine Weise vorbei zu sein, jedenfalls fühlte es sich so an.

Als ich mich auch in dieser Phase dem Inneren Kind überließ, erlebte ich einen Moment der Geburt, in dem ich zu ersticken glaubte. Im Überlebenskampf, der sich beinah ausweglos anfühlte, brachen plötzlich die Worte „Ich will leben" und mit ihnen eine ungeheure Kraft hervor.

Nach diesem Erlebnis kam ich bald wieder auf die Beine. Die körperliche und emotionale Erfahrung meines Lebenswillens ermöglichten mir die Bewältigung der existenziellen Krise und verstärkten meine Verbindung zu diesen lebensbejahenden Gefühlen.

Mit den geschilderten Erlebnissen waren meine persönlichen Erfahrungen mit dem Inneren Kind nicht abgeschlossen. Die nächsten Jahre bescherten mir noch einige heftige Situationen, mit denen ich allmählich immer besser umgehen konnte.

Nach und nach lernte ich mein Inneres Kind kennen. Seine Art zu fühlen, zu reagieren, die Welt zu sehen und auch das, was es für wahr und wirklich hielt, seine Überzeugungen und Annahmen. Dabei begriff ich viel von der Art und Weise, in der ich selbst auf dieses Kind reagierte und ihm begegnete, ich begriff den Inneren Erwachsenen.

Im Kontakt dieser beiden inneren Figuren wurden die Grundlagen für das zentrale Instrument dieser Arbeitsweise, den Dialog mit dem Inneren Kind, gelegt. Dieser Dialog ermöglichte mir die bewusste Auseinandersetzung mit meinen Gefühls– und Verstandeskräften und gab mir auch im Alltag die Gelegenheit, mich immer dann emotional zu regulieren, wenn ich allzu sehr mit Gefühlen oder dem Versuch ihrer Vermeidung befasst war.

Mein spezifischer Umgang mit dem Inneren Kind

In der beschriebenen Zeit, Anfang der 1980iger Jahre, kam ich in Kontakt mit konstruktivistischen Ansätzen. Diese lieferten mir das theoretische Verständnis von Wahrnehmungsmustern, also auch das Verständnis dessen, was ich emotional und körperlich in den geschilderten Ausnahmesituationen durchlebt hatte. Aufgrund dieses theoretischen Verständnisses fiel mir zunehmend leichter, die zu emotionalen Zuständen gehörenden Denkmuster und Überzeugungen zu erkennen und zu überprüfen. Damit erschloss sich mir die undramatische, subtile und auf die Zukunft wirkende Umgangsweise mit dem Thema Vergangenheit.

Parallel zu diesen Erlebnissen und Erfahrungen wendete ich seit 1982 den Begriff Inneres Kind in der Begleitung von Menschen, in Einzelarbeit und Seminaren an und entwickelte hierzu entsprechende Methoden.

Der größte Unterschied in meiner Umgangsweise mit dem Inneren Kind liegt meines Erachtens im 'Innere-Kind-Dialog', den ich in Art meiner Beratungsmethode, der 'Erlebten Beratung', anwende. Dazu gehört, die Figuren 'Inneres Kind' und 'Innerer Erwachsener' zum Leben zu erwecken, indem man so tut, als ob es sich dabei um eigenständige Personen handelt. Indem man in diese Figuren schlüpft und wieder aus ihnen heraus tritt, bildet sich ein umfassendes, das heißt, die körperliche, emotionale und verstandesmäßige Wahrnehmung umfassendes Verständnis der wirkenden Zusammenhänge.

Das Thema Inneres Kind begleitet mich bis heute auf zugleich intensive und leichte Weise. Durch die Beschäftigung damit habe ich neue Maßstäbe und Möglichkeiten zum Umgang mit mir selbst gefunden. Was immer ich entscheide – ich achte heute darauf, dass Verstand und Gefühl damit übereinstimmen.

Auf diese Weise wurde die Beschäftigung mit dem Inneren Kind ein Weg zur „Freiheit von den anderen" sowie zu Selbstakzeptanz und Selbstliebe.

Rückblickend kann ich sagen, dass der Umgang mit dem Inneren Kind zur wichtigsten Entscheidung meines Lebens geführt hat. Zu der Entscheidung, die Dinge, die ich tue, nicht von Angst bestimmen zu lassen, sondern mich dabei an meiner Lebenslust zu orientieren.

Das Buch in der Übersicht

Bevor ich in die Materie einsteigen, will ich Ihnen einen Überblick über die Themen und Thesen dieses Buches geben, und dann in den einzelnen Kapiteln ausführlicher darauf eingehen.

Definition

Das Innere Kind ist ein Begriff für die in der Kindheit entstandene Wahrnehmung von sich selbst, den Menschen und der Welt.

Einfluss

Jemand gerät in den Wahrnehmungszustand des Inneren Kindes, sobald er Ereignisse auf gleiche oder ähnliche Weise deutet, wie er das als Kind tat.

Auswirkungen

Durch die vergangenheitsorientierte Deutung heutiger Ereignisse werden Probleme und auch schwere Krisen ausgelöst.

Begegnungen

Begegnungen mit dem Inneren Kind sind auf zwei Arten möglich. Über:

– durch plötzlich und dramatisch auftauchende Zustände, oder

– durch permanent und schleichend wirkende Wahrheiten.

Umgang	Ein besserer Umgang mit der Vergangenheit geschieht durch Neudeutungen, die sich auf die eigene Persönlichkeit, die Menschen und die Welt beziehen.
Herausforderung Die eigene Geschichte neu schreiben	Da die Deutungen des Inneren Kindes nicht rational, sondern vorwiegend körperlich und emotional begründet sind, besteht die Herausforderung darin, Entwicklungen und Vorfälle auch körperlich und emotional auf neue Weise zu deuten. Durch diese Umdeutung schreibt man die persönliche Geschichte neu.
Die Figuren	Rational, körperlich und emotional an der Vergangenheit orientierten Zustände werden durch die Figuren Inneres Kind und Innerer Erwachsener handhabbar.
Entdeckung	Im Kontakt mit dem Inneren Kind werden Menschen eine bedeutsame Entdeckung machen: Man geht mit sich selbst auf gleiche oder ähnliche Weise um, in der Eltern damals mit einem umgingen. Auf die Dauer bekommt man deshalb Probleme mit sich selbst.

Befähigung

Das Ziel des Umgangs mit dem Inneren Kind besteht in der Erweiterung individueller Möglichkeiten. Es geht darum:
– zu denken, was damals undenkbar war,
– zu fühlen, was damals besser war, nicht zu fühlen, und
– zu tun, was damals besser unterlassen wurde.

Der IK–Dialog

Im zentralen Instrument dieser Arbeit, dem 'Inneren-Kind-Dialog', werden die Kräfte Gefühl und Verstand in einem Klima von Bewusstheit miteinander in einen guten und belebenden Kontakt gebracht.

Befreiung

Die Erweiterung individueller Möglichkeiten hat eine Veränderung zur Folge. Der Mensch erlebt die Welt, die Menschen und sich selbst auf einer stabileren, gesünderen und heileren Basis.

Möglichkeiten und Grenzen

Die Beschäftigung mit dem Inneren Kind hilft, Krisen zu durchleben und sich von alten Wahrnehmungsmustern zu lösen. Allerdings geschieht dies nicht in Form von Wundern. Die Umstellung der Wahrnehmung auf derart grundlegender Ebene erfordert Aufmerksamkeit und Geduld.

Definition

Das Innere Kind ist der Begriff für eine in der Kindheit ent-standene Wahrnehmung von sich selbst, den Menschen und der Welt.

Es dürfte klar sein, dass da kein Kind im Inneren lebt. Was ist dann unter dem Inneren Kind zu verstehen?

Es gibt viele Möglichkeiten, das Innere Kind zu beschreiben. Man könnte sagen, der Begriff bezeichne Gefühle, beschreibe Zustände oder eine bestimmte Art zu denken. All dies trifft zu, doch jeweils nur teilweise.

Man kann den Begriff des Inneren Kindes viel weiter fassen. Dann beschreibt er nicht nur bestimmte Gefühle, nicht nur bestimmte Gedanken oder auftauchende Zustände, sondern auch den komplexen *Zusammenhang* dieser Gedanken, Gefühle und Zustände. In diesem Fall bezeichnet er die grundlegende Wahrnehmung eines Menschen.

Gerät ein Mensch in die Wahrnehmung des Inneren Kindes, dann fühlt, denkt und handelt er auf gleiche oder ähnliche Weise, wie er dies als Kind tat. Er fühlt Gefühle von damals, erklärt sich die Welt wie damals und reagiert wie damals – obwohl er ein erwachsener Mensch geworden ist und ihm ganz andere Mittel zur Verfügung stehen.

Allerdings erkennt der Einzelne meist nicht, dass er in einen kindlichen Wahrnehmungszustand regrediert ist, außer wenn es sich um eine massive Krise handelt. Dabei passieren solche Regressionen gar nicht so selten, wie es den Anschein haben mag.

„Alltägliche" Beispiele dafür, dass jemand vom Inneren

Kind dominiert wird, sind etwa:

- ein Mann, der seine Frau auf Knien anfleht, ihn nicht zu verlassen,
- eine Frau, die ihrem Mann Szenen macht, um ihre Bedürfnisse durchzusetzen,
- ein eifersüchtiger Partner, der ausrastet, wenn der andere nicht pünktlich nach Hause kommt oder wenn er mit jemand flirtet,
- ein Mensch, der seine Arbeit verliert und in Panik außer sich gerät,
- ein streitendes Paar, das sich gegenseitig für die eigenen Gefühle verantwortlich macht und sich in Vorwürfen und Beschuldigen verliert,
- ein Mann, der verlassen wird und sich seinen Schmerz nicht anmerken lässt,
- ein Mensch, der sein Leben lang mit dem Ziel schuftet, das Leben später zu genießen, wenn er erst einmal seine Rente bekommt,
- eine Frau, die sich klaglos für Kinder und Familie aufopfert und sich selbst hinten anstellt,
- ein Mensch, der Angst vor sogenannten Autoritäten zeigt und sich ihnen gegenüber zurücknimmt,
- ein Partner, der sich aggressiv gegenüber seinem Partner verhält, indem er ihn angreift oder ihn anschweigt,
- ein Single, der sich nicht mehr auf Liebe einlässt, weil er Angst vor dem Schmerz der Trennung hat

... und viele andere Beispiel mehr.

Bei jedem Verhalten, das entweder stark von Gefühlen oder von dem Versuch ihrer Vermeidung bestimmt ist, kann man davon ausgehen, dass seine Wurzeln bis in prägende Kindheitserlebnisse reichen, dass es sozusagen auf der Wahrnehmung des Inneren Kindes beruht.

Einfluss

Jemand gerät in den Wahrnehmungszustand des Inneren Kindes, sobald er Ereignisse auf gleiche oder ähnliche Weise deutet, wie er das damals tat.

Menschliche Wahrnehmung

Wer meiner Definition des Inneren Kindes zustimmt, mag einwenden, eine solche, aus der Vergangenheit stammende Wahrnehmung breite sich relativ selten aus und ihre Bedeutung im Leben des erwachsenen Menschen sei gering.

Dem würde ich vehement widersprechen. Das Innere Kind bezeichnet die erstmals entstandene Art und Weise, die Welt wahrzunehmen. Die Wahrnehmung lässt scheinbare Wahrheiten entstehen und bestimmt konkrete Reaktionen und Verhaltensweisen, und das ein Leben lang.

Individuelle Wahrnehmung ist ein individueller Erklärungsversuch des Lebens. Indem sie Phänomene in einen Zusammenhang setzt, schafft Wahrnehmung Sinn und wird zur Grundlage alles Handelns. Denn was wir für wahrnehmen, bestimmt unsere Gefühle, Gedanken und Reaktionen.

Wie ist das Leben? So, wie es wahrgenommen wird! Es gibt nicht „das Leben", sondern nur das „so wahrgenommene" Leben.

Das Wort Wahrnehmung ist überraschend präzise. Die Wahrnehmung eines Menschen zeigt, was er für wahrnimmt. Was er für wahr nimmt und für wahr hält, macht ihm Sinn. Der Sinn legt dann fest, welche Reaktionen angemessen erscheinen, und diese eigenen Reaktionen prägen das

Erleben.

Stellen Sie sich vor, jemand beschimpft Sie als 'Idiot'. Wie Sie das Ereignis deuten, welchen Sinn sie ihm verleihen und wie sie reagieren, hängt davon ab, ob ihre Wahrnehmung in diesem Moment (oder generell in solchen Fällen) beispielsweise von Selbstbewusstsein oder von Minderwertigkeit geprägt ist. Im ersten Fall werden Sie ruhig bleiben und vielleicht mit der Schulter zucken – weil Sie diese Aussage im Kontext Selbstbewusstsein nicht für wahr-nehmen können. Im Kontext von Selbstbewusstheit ergibt die Aussage keinen Sinn, es ist nicht die Wahrheit, sondern nur die Meinung desjenigen, und Sie blieben gelassen. Im zweiten Fall werden Sie sich aufregen oder zurückschlagen, weil Sie die gleiche Aussage im Kontext Minderwertigkeit für wahr-nehmen und sich empört dagegen wehren. Oder schlimmer: Sie stimmen dem Angreifer zu und ordnen sich unter.

Wahrnehmung vermittelt den Sinn aller Ereignisse und ist für Gedanken, Gefühle und Reaktionen verantwortlich. Deshalb ist Wahrnehmung gewissermaßen alles. Und es ist ein Fakt, dass die Wahrnehmung eines jeden Menschen ihre Wurzeln in seiner Kindheit hat.

Somit hat das Innere Kind beträchtlichen Einfluss auf das Leben. Ein Professor aus der Schweiz erkannte diesen Einfluss an, als er im Seminar bemerkte: „Da muss man fast 60 Jahre alt werden um zu realisieren, wie prägend die Kindheit für das ganze Leben war."

Vor kurzem kam eine 37–jährige Managerin in meine Beratung. Diese Frau war Monate zuvor mit fadenscheinigen Begründungen entlassen und dabei von ihrem Chef unfair und rüde behandelt worden. Sie sagte:

„Seither verspüre ich überhaupt keine Lust mehr zu arbeiten. Eigentlich müsste ich mir einen neuen Job suchen, aber ich bin nur enttäuscht und sauer."

Bei näherer Betrachtung entdeckte die Frau in ihrer Reaktion *„etwas überraschend Kindliches und Naives, das eigentlich gar nicht zu meinem Selbstbild passt"*.

Als ihre Reaktion in der Figur des Inneren Kindes gebracht wurde, erkannte sie, dass sie ihrem Chef viel Vertrauen geschenkt und im Gegenzug dafür Fairness und Gerechtigkeit erwartet hatte, *„fast wie von einem Vater. Aber das ist nicht die Familie, das ist die Arbeitswelt"*.

Gleichzeitig hatte sie es dem Chef leicht gemacht, eine Begründung für die Entlassung zu finden. *„Mir fällt es schwer, meine Meinung vor Gruppen zu vertreten. Vorträge kann ich problemlos halten, aber sobald Auseinandersetzungen entstehen, bekomme ich Beklemmungen. Das war für ihn ein guter Vorwand, mich für ungeeignet zu erklären"*.

Diese Frau begegnete dem Inneren Kind gleich zweimal. Einmal in ihrer Erwartungshaltung dem Chef gegenüber (wie ein Kind zum Vater) und ein zweites Mal in ihrer Hemmung, konträre Meinungen öffentlich zu vertreten (Herzklopfen, Stottern, Sätze vergessen).

Betrachten wir, was sie unbewusst für wahr hielt. Den Vorgesetzten nahm sie als Wunschvater wahr, dem sie Vertrauen und Erwartung entgegenbrachte. Sie nahm an, er würde fair und offen mit ihr umgehen. Dies entsprach nicht der Realität, sondern war ein aus der Kindheit mitgebrachte emotionale Erwartung, die Sie sozusagen 'blind' für die Gegenwart machte. Außerdem fürchtete sie, von anderen Mitarbeitern angegriffen und abgelehnt zu werden, sollte sie es wagen, abweichende Meinungen zu vertreten. Auch dies entsprach nicht der Wirklichkeit, sonder war eine konservierte Befürchtung. Sie hielt all das für wahr, weil sie die Vorfälle auf eine ganz bestimmte Weise deutete – durch das Erleben des Inneren Kindes.

Deutungen

Wahrnehmung erklärt das Leben. Deshalb ist sie ein Schlüssel zur Veränderung des Erlebens.

Der Dreh– und Angelpunkt des Wahrnehmungsprozesses liegt im Vorgang der Deutung. Alles Wahrgenommene bedarf einer Deutung, um verständlich zu werden. „Aha, das ist ... ein Auto" oder „Aha, das ist ein ... Feind" oder „Aha, das ist ... eine freundliche Geste".

Die Deutung geschieht in der Psyche, sie ist eine psychische Leistung, während die reine Wahrnehmung durch das Gehirn geschieht. Das Gehirn kann aber lediglich Sinneseindrücke wahrnehmen, die für sich genommen keinen Sinn ergeben. Der Sinn wird den Wahrnehmungen durch die Psyche hinzugefügt, indem sie gedeutet werden.

Das kann man nicht genug betonen: Erst Deutung verleihen den Wahrnehmungen ihren Sinn. Und nur auf etwas, das Sinn ergibt, kann ein Mensch reagieren. Umgekehrt gilt: Kann man etwas nicht deuten, ergibt es keinen Sinn ergeben und man kann darauf nicht reagieren. Wir sind auf Deutungen angewiesen und deuten deshalb *alles*.

Was aber steht einem Einzelnen zur Deutung zur Verfügung? Was hat man, um zu deuten? Die Erfahrung. Die eigene Überzeugung. Die eigene Meinung. Die eigene Wahrheit. Alles was bisher wichtig und prägend war. Kurzum – die Vergangenheit.

Auf individueller Ebene hat jeder Mensch seine eigene Vergangenheit, er hat ganz persönliche Erfahrungen gemacht. Das erklärt, warum Menschen gleiche Ereignisse sehr unterschiedlich erleben. Was der eine als Beleidigung deutet, bringt den anderen zum Lachen – je nachdem, durch welche Brille er schaut, welche Färbung deren Gläser haben und in welchem Licht er die Ereignisse daher wahrnimmt.

Halten wir fest: Ein Mensch muss zuerst alle Wahrnehmungen deuten, ihnen so einen spezifischen Sinn zuordnen und erst dann kann er darauf reagieren. Deuten kann er aber nicht nach Lust und Laune, sondern er muss dabei auf Deutungsmuster zurückgreifen, die er bereits entwickelt hat. Jeder bringt also seine eigenen Deutungsweisen aus seiner Vergangenheit mit.

Das bedeutet zugleich, dass jeder seine eigenen 'Wahrheiten' und 'Überzeugungen' mitbringt und sie auf die Ereignisse anwendet. Er ist dann beispielsweise zutiefst davon überzeugt:

- „Sich anstrengen? Wozu? Das macht keinen Sinn, es zahlt sich ja doch nicht aus!"
- „Sich durchsetzen? Umsonst! Man zieht ja doch den Kürzeren!"
- „Vertrauen? Ha! Jeder ist sich selbst der Nächste!"
- „Schwäche zeigen? Nur nicht! Dann wird man niedergemacht!"
- „Nein sagen? Nur nicht, dann wendet sich alles gegen mich."
- „Stark sein? Auf keinen Fall! Sonst wird man nicht geliebt!"
- „Sich ausruhen? Dann bringt man es zu nichts!"
- „Liebe? Es gibt keine wahre Liebe!"
- „Das Leben genießen? Dafür ist später Zeit. Erst die Arbeit, dann das Vergnügen!"

Deutungen bestimmen das Verhalten und die Reaktionen eines Menschen vollständig. Obwohl sie nie im Wortsinn 'wahr' sind, sind sie immer wirksam.

Beispielsweise blieb eine Frau, deren Mann sich mit einer zwanzigjährigen Geliebten einließ, erstaunlicherweise völlig entspannt. Sie deutete die Affäre als „vorübergehend" und die Geliebte als „dummes Huhn". Sie witterte keinerlei Gefahr. Ihr Deutungskontext war der von Gleichgültigkeit. Als der Mann dann zur Geliebten zog, ergab das im Kontext Gleichgültigkeit keinen Sinn mehr. Ihre Deutung veränderte sich von „keine Gefahr" zu „höchste Gefahr" und ihr Verhalten wechselte ebenfalls – sie reagierte von nun an mit Eifersucht und Angst.

Viele Menschen würden sich wundern, wenn sie erkennen würden, wie sehr ihre Reaktionen, ihr Verhalten und ihre Lebensplanung von Deutungen gelenkt werden, die aus vergangenen Lebensumständen stammen und die heute nur teilweise oder gar nicht zutreffen.

Auswirkungen

Durch die vergangenheitsorientierte Deutung heutiger Ereignisse werden Probleme und Krisen ausgelöst.

Um den Einfluss des Inneren Kindes in verschiedenen Dimensionen zu erfassen, möchte ich einige Reaktionen erwachsener Menschen als Ergebnis vergangenheitsorientierter Deutungen sichtbar machen und auf die Zusammenhänge von damals eingehen.

Beispiel 1

Vorgang	Reaktion	Deutung
Eine Frau hat Krebs und nur noch wenige Monate zu leben.	Der Ehemann bricht zusammen. Er gerät in eine Depression, vernachlässigt Kinder und den Beruf.	Allein werde ich es nicht schaffen. Mein Leben hat ohne sie keinen Sinn mehr.

Die Wahrheit eines Kleinkindes lautet, es werde sterben, wenn die Mutter geht. Diese Deutung des Kindes kommt nicht vom Verstand, denn dieser ist noch nicht genügend entwickelt, um den Vorgang zu begreifen. Die Deutung entsteht aus dem Körper. Denn wenn Mutter weg ist, bedeutet dies Kälte statt der Wärme ihres Körpers. Es bedeutet Hunger und Schmerzen im Bauch statt Sattheit und Wohlgefühl. Es bedeutet, in der Luft zu hängen, den Boden unter den Füßen zu verlieren und über dem Abgrund zu schweben, anstatt Sicherheit und Geborgenheit zu empfinden.

Solche Formulierungen (Kälte, Schmerzen, in der Luft hängen, den Boden verlieren, über dem Abgrund hängen) gebrauchen Partner gewöhnlich, um ihre Ängste vor dem Verlassenwerden zu beschreiben. Wenn also die Gefahr besteht, den Partner zu verlieren, übernimmt das Innere Kind die Wahrnehmung und Deutung, die körperlichen Reaktionen von damals werden reaktiviert und der erwachsene Mensch gerät außer sich.

Wer, wie der Mann in diesem Beispiel, vom Tod der Partnerin bedroht ist, kann kaum verhindern, in eine tiefe Krise zu geraten. Er kehrt in das Erleben des Inneren Kindes zurück, fühlt und denkt wie damals und versucht verzweifelt, irgendetwas zu tun um sein Überleben zu sichern, ohne zu wissen, was er tun könnte.

Der Partner geht und alles scheint plötzlich aus und vorbei zu sein. Es gibt keine Zukunft. Es fühlt sich an wie das Ende. Kein Verstand, kein Zureden, kein Beschwichtigen kann die emotionale und körperliche Wucht einer solchen Krise auflösen. Das Bewusstsein wird von Gefühlen überschwemmt und geht – zeitweise - in dieser Flut unter.

Beispiel 2

Vorgang	Reaktion	Deutung
Ein Freund macht der Ehefrau schöne Augen.	Der Ehemann rastet aus und macht der Frau eine Szene.	Ich kann mir ihrer Liebe nicht sicher sein. Ich muss aufpassen, sonst werde ich sie verlieren.

Wir können davon ausgehen, dass dieser Mann Liebe im Zusammenhang mit Unsicherheit kennengelernt hat. Er kann nicht entspannen, nicht loslassen, seiner Frau nicht vertrauen. Während manch anderer Mann es als Kompliment nehmen würde, wenn seine Frau bezirzt wird, und dabei entspannt bliebe, versucht dieser, seine Beziehung abzusichern, indem seiner Partnerin ihr heftige Vorwürfe macht und sie bedroht. Denn er deutet die Annäherungen anderer Männer als Gefahr. Vermutlich hält er sich selbst nicht für liebenswert genug und fürchtet, im Vergleich den Kürzeren zu ziehen.

Sein Inneres Kind leidet unter Gefühlen der Unsicherheit und Minderwertigkeit. Und weil er diese Gefühle kaum ertragen kann, will er seine Frau dazu bringen, solche angstauslösenden Situationen zu vermeiden, und ihr durch sein Verhalten klarmachen, dass sie ihm treu sein muss. Das ganze ist eine verzweifelte Suche nach Sicherheit. Zwar haben seine Eifersuchtsszenen den gegenteiligen Effekt – sie führen zu größerer Distanz und vergrößern die Gefahr des Verlassenwerdens. Dennoch kann er sein eifersüchtiges Verhalten nicht kontrollieren. Er ist den Deutungen und emotionalen Reaktionen seines Inneren Kindes ausgeliefert.

Beispiel 3

Vorgang	Reaktion	Deutung
Ein Paar streitet sich heftig. Die Frau macht emotional Druck. Sie zieht zum wiederholten Mal für eine Nacht zu ihrer Mutter.	Der Mann holt sie zurück, indem er sich bei ihr entschuldigt, obwohl er der Meinung ist, im Recht zu sein.	Wenn ich nicht klein beigebe, werde ich ihre Liebe verlieren. Ich muss mich ihren Wünschen anpassen.

Der Mann aus diesem Beispiel hat Erfahrungen aus dem Verhältnis zur Mutter auf seine Liebesbeziehung übertragen: „Wenn ich nicht lieb bin, werde ich abgewiesen". Er passte sich als kleiner Junge lieber an, statt sich abzugrenzen, und vermied so, sich ausgeschlossen und abgeschnitten zu fühlen.

Heute wird dieses Verhalten den Mann in der Achtung seiner Frau sinken lassen. Sie wird das Empfinden entwickeln, keinen Mann, sondern ein Kind zum Partner zu haben. Ihr wird ein gleichwertiges Gegenüber fehlen, ein Partner auf Augenhöhe, der ihr angemessen Kontra geben kann. Ihr werden Grenzen fehlen. Sie wird ihre ganze Unzufriedenheit an ihm festmachen und dabei auf keinen Widerstand stoßen. Der Beziehung wird es an Spannung fehlen und die Frau mag das Interesse am Partner verlieren. All dies wird ausgelöst durch die Deutungen des Inneren Kindes.

Beispiel 4

Vorgang	Reaktion	Deutung
Einer Frau gelingt es nicht, im Beruf nach oben zu kommen. Trotz guter Leistungen ziehen andere an ihr vorbei.	Sie zeigt sich zurückhaltend und überlässt anderen das Spielfeld. Sie bleibt passiv, während sich diese mit ihren Leistungen schmücken.	Wenn ich einen eigenen Willen zeige (nicht lieb bin), werde ich nicht gemocht. Ich bin nicht so wichtig. Wichtiger ist, dass andere mich mögen.

Diese Frau war einmal ein Mädchen, das sich geliebt fühlte, solange es nett und süß war. Wie so viele Mädchen hat es sich damals teilweise von seiner Kraft und Aggression getrennt, denn diese brachte ihm vorwiegend Ablehnung ein.

Heute hindert das Innere Kind durch seine Angst die Erwachsene daran, berufliche Ziele zu erreichen. Die verinnerlichte Überzeugung „Wenn ich meinen Willen durchsetze werde, ich nicht gemocht" und die damals nachvollziehbare Konsequenz „Was ich will, ist nicht so wichtig", wirken sich blockierend auf ihren beruflichen Werdegang aus.

Ähnlich wie in diesem Beispielen zeigen sich Auswirkungen einer in der Kindheit entstandenen Sicht- und Deutungsweise der Welt bei jedem Erwachsenen. Begegnungen mit dem Inneren Kind sind daher unvermeidlich.

Begegnungen mit dem Inneren Kind

Begegnungen mit dem Inneren Kind sind grundsätzlich auf zwei verschiedene Arten möglich.
- über plötzlich und dramatisch auftauchende Zustände
- oder über permanente und schleichende Wahrheiten.

Wie die letzten vier Beispiele zeigen, können Menschen dem Inneren Kind auf zwei verschiedene Arten begegnen.

Erstens, indem sie aufgrund plötzlicher und unerwarteter Ereignisse in einen Strudel dramatischer und krisenhafter Entwicklungen gezogen werden. Dies ist im Beispiel 1 (die Partnerin stirbt) und Beispiel 2 (Freunde flirten mit der Frau) der Fall. Die Betroffenen geraten in veränderte Bewusstseinszustände.

Zweitens, indem sie ihr Leben in bestimmten Bereichen auf Grundlage nicht reflektierter Annahmen ausrichten. Dies ist im Beispiel 3 (der Mann gibt immer klein bei) und Beispiel 4 (die Karriere gelingt nicht) der Fall. Die Betroffenen geraten nicht in veränderte Bewusstseinszustände, sondern landen irgendwann in einer Sackgasse, aus der sie keinen Ausweg wissen.

Beide Möglichkeiten, die plötzliche und die schleichende, gehören in unterschiedlichem Ausmaß zum Alltag eines jeden Menschen. Deshalb sollten wir sie näher betrachten.

Zustände – plötzliche und dramatische Begegnungen mit dem Inneren Kind

Vor wenigen Minuten fühlte sich Herr Meinold noch gut. Dann erreicht ihn die Nachricht, er solle sich sofort beim Abteilungsleiter melden. Schlagartig tritt ein altbekanntes Herzklopfen auf, sein Gesicht spannt sich sorgenvoll an und seine Körperhaltung verändert sich von lockerem Auftreten hin zu einem leicht gebückten Schleichen.

Er sucht die vergangenen Tage nach Fehlern ab, die ihm unterlaufen sein könnten, und stellt sich innerlich darauf ein, „den Kopf gewaschen zu bekommen". Doch der Chef will lediglich eine Information von ihm und genauso schnell, wie die Verspannung kam, verschwindet sie nun.

Diese Begegnung mit dem Zustand Inneres Kind geschah plötzlich, war aber nur wenig dramatisch. Dramatisch wirkte sich dagegen der Zettel aus, den eine Frau morgens auf dem Küchentisch fand. Darauf hatte ihr Mann geschrieben: „Ich habe dich verlassen. Warte nicht auf mich, ich komme nicht wieder."

Zwölf Jahre hatte sie mit diesem Mann zusammengelebt; und nun war er sang– und klanglos von einer Sekunde auf die andere aus ihrem Leben verschwunden. Die Frau fiel in ein tiefes Loch, in dem sie „keinen Sinn mehr für mein Leben" entdecken konnte. Der Zustand 'Inneres Kind' war schlagartig aufgetaucht.

Dramatisch war auch die Nachricht für einen Mann, dass er durch einen Kursrutsch an der Börse sein Vermögen verloren hatte. Da seine Käufe teilweise durch Kredite finanziert waren, stand er nun tief in den roten Zahlen. Sein Lebensstandard, sein Image, seine Ehe standen mit einem Mal auf dem Spiel. Die durch diese finanzielle Krise ausgelösten Überlebensängste nahmen Ausmaße an, die den Mann an Selbstmord denken ließen. Er wurde zum Kind, dem die Welt zu groß und zu schwierig erschien und das nur noch „weg wollte", dorthin, wo Ruhe zu sein scheint.

Es gibt viele Ereignisse, die von Menschen dramatisch empfunden werden und die sie in krisenhafte Zustände katapultieren. Beispielsweise:

- von einem geliebten Menschen verlassen zu werden,
- vom Partner betrogen zu werden,
- von Freunden geschnitten zu werden,
- plötzlich große Schulden zu haben,
- den Arbeitsplatz zu verlieren,
- Opfer einer Gewalttat zu werden,
- einen Unfall oder eine Krankheit zu erleiden
- und Ähnliches mehr.

Derartige Ereignisse rufen Empfindungen starker existenzieller Bedrohung hervor. Panik, somatische Störungen, Angstanfälle, Gedankenkarusselle, Schlafstörungen, Depressionen, emotionale Ausbrüche, Selbstmordgedanken ... die Liste zu beobachtender Reaktionen ist lang.

Tatsächlich sind solche Ereignisse auch für erwachsene Menschen schwerwiegend, aber keinesfalls bedrohen sie real deren Existenz in der Weise, in der ein Kind davon betroffen wäre. Man kann neue Partner finden und man kann auch mit großen Schulden ein lebenswertes Leben führen. Anderen Menschen gelingt es, in solchen Situationen entspannt und sorgenfrei zu bleiben, die vermeintlichen 'Wahrheiten' sind demnach nicht wahr, sondern tatsächlich wahrgenommen.

Was also geschieht? Das Innere Kind taucht auf und nimmt die Situation auf seine Weise wahr. Diese Angst, diese Panik, diese Sorgen, diese Gefühle – der Mensch hat sie schon einmal oder schon hundertmal erlebt. Als Kind oder als Baby. Sein Verstand kann sich nicht daran erinnern. Aber sein Körper und seine Gefühle haben diese Zustände nicht vergessen und sie reagieren wie damals.

„'Jetzt ist alles aus, es gibt keine Zukunft' war die erste Empfindung nach meiner Entlassung aus der Firma, die viele Monate anhielt."

„Seit mein Mann vor zwei Jahren fremdgegangen ist, kann ich ihm nicht mehr vertrauen. Ich habe ständig Angst und kontrolliere jeden seiner Schritte. Ich komme nicht zur Ruhe, wenn ich nicht weiß, wo er ist und was er gerade macht. Ich fühle mich ständig bedroht."

„Sobald mir jemand sagt, was ich machen soll, gehe ich in Opposition und werde cholerisch oder bockig. Gegen diese Wut komme ich nicht an. Natürlich ist es kein Wunder, dass ich in jeder Arbeitsstelle Krach mit den Vorgesetzten bekomme."

Einsamkeit, geplatzte Träume, enttäuschte Erwartungen, Eifersucht, Verluste, Schicksalsschläge, Todesfälle – so etwas kann jedem jederzeit geschehen. Damit ist die Möglichkeit, plötzlich von der Wahrnehmung des Inneren Kind überwältigt zu werden, jederzeit vorhanden.

Weil unerwartete und dramatische Ereignisse zum Leben eines jeden Menschen gehören, ist es völlig normal, wenn das Innere Kind plötzlich und unerwartet auftaucht. Niemand braucht deshalb zu denken, er wäre unfähig.

Im Gegenteil. Wie sich im weiteren Verlauf des Buches zeigen wird, bieten solche Situationen oft Chancen, die Lebensqualität entscheidend zu verbessern.

Wahrheiten – permanenter und schleichender Einfluss des Inneren Kindes

Neben dem plötzlichen und dramatischen Einbruch gibt es den permanenten, schleichenden und unbemerkten Einfluss des Inneren Kindes auf das Leben des Erwachsenen. Er macht sich in all den Überzeugungen bemerkbar, nach denen sich ein Mensch richtet, gleichgültig, ob er sich dessen bewusst ist oder nicht.

Das Beispiel einer Frau, die im Zustand großer seelischer und körperlicher Erschöpfung zu mir kam, mag das erläutern. Die Frau hatte zwei eigene Kinder, zwei weitere in Pflege genommen und war zusätzlich in einigen sozialen Einrichtungen engagiert. Sie beschrieb mir ihren Alltag detailliert, er war reich an Pflichten und persönlicher Entsagung.

Ich forderte die Frau auf, mir eine Liste von Anweisungen zu schreiben, nach der die Frau, von der sie gerade erzählt hatte (also sie selbst), ihr Leben führt. Dann untersuchten wir diese Liste und schrieben auf, was diese Frau für wichtig und wahr hielt. Alles auf dieser Liste bezog sich darauf, dass es anderen gut geht. Für das Wohlergehen der anderen zu sorgen betrachtete sie demnach als ihre erste und dringlichste Pflicht.

Diese Frau hatte in der Kindheit die Erfahrung gemacht, sich Liebe verdienen zu müssen, denn sie bekam dann Aufmerksamkeit und Zuwendung, wenn sie etwas für andere tat. Die Wahrheit ihrer Kindheit, die sie unbewusst in ihr erwachsenes Dasein als Frau und Mutter übertrug, lautete: „Ich bin nicht so wichtig wie andere. Nur wenn es den anderen gut geht, fällt auch für mich etwas ab."

Es ist nicht verwunderlich, dass sich die Frau auf der

Grundlage dieser Erfahrung und der daraus gewonnenen Überzeugung für andere aufopferte und sich zur Ausnutzung geradezu anbot. Sie hatte nicht gelernt, sich selbst wichtig zu nehmen und für ihre eigenen Bedürfnisse zu sorgen, im Gegenteil, sie hat sich verboten, sich an erste Stelle zu setzen.

Jeder Mensch hat solche oder ähnliche „Wahrheiten" verinnerlicht. Die Wahrheit des Kindes, das er einmal war. Diese Wahrheit bleibt auch im Erwachsenenalter unbewusste Orientierung und gibt Verhaltensrichtlinien, zu denen es keine Alternative zu geben scheint.

Man kann solche Wahrheiten recht einfach herausfinden. Etwa, indem man nach den Motiven eines konkreten Verhaltens fragt.

> *„Warum suchst du dir keine neue Freundin?"*

> *„Weil Frauen doch nur auf ihre eigenen Vorteile bedacht sind!"*

> *„Warum machst du dieser Frau keinen Antrag, wenn du sie so liebst?"*

> *„Weil sie mich ja doch abblitzen lässt!"*

> *„Wieso schickst du das Musikdemo nicht an eine Plattenfirma?"*

> *„Die kriegen jeden Tag bessere Musik, als ich sie jemals machen werde!"*

Ist etwas wahr (und für das Innere Kind ist es unumstößliche Wahrheit), muss man sich danach richten. Denn gegen die Wahrheit kommt man nicht an.

Wahrheit	Anweisung
Wenn es wahr ist, dass ...	*... dann muss man*
- das Leben Kampf ist ...	- kämpfen oder man wird untergehcn,
- es keine Liebe gibt ...	- alleine klar kommen,

- man den Kürzeren zieht ...	- sich zurückhalten und nachgeben,
- man nicht liebenswert ist ...	- sich zurückziehen oder unterwerfen.

So oder so ähnlich lauten die Wahrheiten, die doch keine tatsächlichen Wahrheiten sind. Im Leben muss man ständig kämpfen! Ist dies wahr? Nun, viele Menschen würden das abstreiten. Man bekommt nichts geschenkt! Ist das wahr? Viele Menschen würden dem widersprechen. Es gibt keine Liebe! So? Aber andere haben die Erfahrung großer Liebe gemacht.

Was wahr zu sein scheint, ist nicht wahr, aber es hat die Tendenz, sich zu verwahrheiten. Wahr ist nämlich, dass ein Mensch, der glaubt, im Leben ginge es ums Kämpfen, in der Tat viel kämpft. Und deshalb bestätigt er seine Überzeugung permanent selbst, sein Leben besteht tatsächlich zu großen Teilen aus Kampf. Wahr ist, dass ein Mensch, der glaubt, man müsse sich zurückhalten, sich zurückhält. Und deshalb kommt er zu kurz und sein Leben ist tatsächlich von Verzicht bestimmt. Wahr ist, dass ein Mensch, der die Liebe nicht für möglich hält, ihr aus dem Wege geht. Und deshalb gibt es sie für ihn nicht, deshalb bleibt er allein und findet seine Überzeugung bestätigt.

Unsere sogenannten Wahrheiten über das Leben sind Versuche, Erklärungen für Entwicklungen zu finden, und Wege, mit den Situationen umzugehen. Solche Wahrheiten sind nicht im eigentlichen Sinne wahr, aber sie sind überaus wirksam, indem sie sagen, was man tun und besser lassen soll.

Wenn es wahr ist, dass „man doch immer den Kürzeren zieht", dann hat es keinen Sinn, sich auf Auseinandersetzungen einzulassen. Wenn es wahr ist, dass „man hart arbeiten muss, um es zu etwas zu bringen", dann hat es keinen Sinn, sich um die schönen Dinge des Lebens zu kümmern. Wenn es wahr ist, dass man „zurückstecken muss, um geliebt zu werden", dann hat es keinen Sinn, eigene Bedürfnisse gegenüber dem Partner zu vertreten.

Auf diese Weise reproduzieren innere Richtlinien im erwachsenen Leben die in der Kindheit gemachten Lebenserfahrungen. Jeder kann dann mit Fug und Recht sagen: Das Leben ist so, ohne zu bemerken, dass er selbst für diese Erfahrung sorgt.

Die Bedeutung innerer Richtlinien und Wahrheiten ist deshalb so groß, weil sich hinter jeder Handlung eine innere Anweisung verbirgt, die auf einer inneren Wahrheit beruht.

Wenn man die teils merkwürdigen Handlungen von Einzelnen verstehen will, kann man nach solchen Anweisungen und den dahinterstehenden Wahrheiten forschen. Dann werden auch scheinbar rätselhafte Verhaltensweisen verständlich.

„Ich habe dann zu meiner Frau gesagt, wenn es ihr bei mir nicht passt, kann sie ja gehen."

„Wenn Sie eine Anweisung für diese Handlung gehabt hätten, wie würde die lauten?"

„Lass dir nichts gefallen, lass dich nicht erpressen, zeige keine Schwäche, ..."

„ sonst ..."

„ ...wirst du ausgenutzt!"

„Wie lautet demnach die Wahrheit, nach der Sie gehandelt haben?"

„Man darf keine Schwäche zeigen, sonst wird man ausgenutzt!"

Werden alle Menschen, die eine Schwäche zeigen, ausgenutzt? Nein! Wird jeder Mann, der seiner Frau zeigt, dass sie ihm wichtig und wertvoll ist und dass er mit ihr leben möchte, ausgenutzt? Nein! Aber wer so denkt, der handelt entsprechend seiner Wahrheit, das heißt, er versucht, stark zu sein und keine Schwäche zu zeigen, was dazu führt, dass nicht selten einsam ist, was er dann wiederum mit Stärke auszuhalten versucht.

Fatal am schleichenden Einfluss des Inneren Kindes ist der Umstand, dass die Wahrheiten, die hinter einem Verhalten stehen, dem Betreffenden in ihrer Tiefe und Auswirkung unbewusst sind.

„Warum machst du täglich Überstunden?"

„Weil ich Karriere machen will."

„Wenn du eine Anweisung hättest, die begründet, warum du das tun musst, wie würde die lauten?"

„Arbeite hart, dann wird was aus dir!"

„Dann ist es also wahr, dass aus allen Menschen, die hart arbeiten, auch etwas geworden ist?"

„Nein, das glaube ich nicht."

„Was macht dich so sicher, dass es bei dir klappt?"

„Hm, ich weiß auch nicht ..."

Der Mann weiß es nicht, aber er richtet sein Leben danach aus. Frustration scheint beinah garantiert, wenn sich eines Tages die Unwahrheit seiner Wahrheit offenbart und er realisiert, jahrelang falschen Richtlinien gefolgt zu sein. Entweder, weil er trotz aller Anstrengung 'nichts geworden' ist, oder weil er 'etwas geworden' ist und feststellen muss, dass sich Glück dennoch nicht einstellt.[2]

Innere Wahrheiten können sich auf drei große Lebensbereiche beziehen:

- auf sich selbst,
- auf die Menschen, oder
- auf das Leben selbst.

Wahrheiten über sich selbst

Jeder Mensch trägt sogenannte Wahrheiten über sich selbst mit sich. Manche mögen sich positiv auswirken, obwohl sie ebenso wenig wahr sind wie alle anderen scheinbaren Wahrheiten. Dann sollte man sie genießen. Etwa „Ich bin schön" oder „Ich kann sein, wie ich bin" oder „Ich schaffe das".

Andere Annahmen wirken begrenzend, schaffen aber keine nennenswerten Probleme. Diese kann man stehen lassen, ohne sich damit allzu sehr zu schaden. Etwa Überzeugungen wie „Ich bin unmusikalisch" oder „Ich bin ungeschickt" oder „Ich bin ganz zufrieden".

Wieder andere, auf tiefer Ebene eingepflanzte Wahrheiten wirken sich allerdings negativ aus. Beispielsweise Überzeugungen wie: „Ich bin ein Versager, und deshalb werde ich es nie zu etwas bringen" oder „Ich bin nicht liebenswert, und deshalb kann ich froh sein, überhaupt einen Partner zu haben, auch wenn ich mit ihm unglücklich bin" oder „Ich habe es nicht verdient, und deshalb verzichte ich besser gleich".

Aus ihrer unbewussten Position heraus lenken solche Wahrheiten den Menschen, der auf diese Weise gleichsam zur Marionette seiner verborgenen Einstellung zu sich selbst wird.

Wahrheiten über die Menschen

Zur Wahrheit über sich selbst gesellen sich Wahrheiten über die Menschen. Diese bestimmen das Verhalten anderen gegenüber. Auch hier werden Erfahrungen aus dem kindlichen Umfeld mehr oder weniger auf alle Menschen übertragen.

„Ich kann Bartträger nicht leiden, die sind falsch" wäre eine solche, relativ harmlose Wahrheit, die einem lediglich

Probleme mit Bartträgern bescheren würde.

„Die Menschen wollen nichts von mir wissen" wäre hingegen eine schwerwiegende Wahrheit, deren Richtlinien zu befolgen in die innere Isolation führen würde.

„Man darf keinem Menschen trauen" ist eine Wahrheit, die Anspannung und Distanz hervorbringt und das Gefühl, nirgends einen Platz zu haben, an dem man sich sicher fühlen kann.

„Jeder ist sich selbst der nächste" - man kann sich leicht vorstellen, in welche Position anderen Menschen gegenüber jemand auf Dauer gerät, der diese Überzeugung verinnerlicht hat.

Wahrheiten über das Leben

Auch über das Leben bilden sich im Laufe der Kindheit, meist schon in den ersten fünf bis sechs Jahren, feste Überzeugungen. Diese drücken sich aus in Sätzen wie „Das Leben ist ein Tal der Mühen. Man muss schauen, wie man durchkommt" oder „Vom Leben darf man nicht zu viel erwarten. Man muss sich bescheiden" oder „Im Leben kommt es darauf an, seine Schäfchen ins Trockene zu bringen."

Ist das so? Ist das Leben so? Muss man ...? Darf man nicht ...? Haben wir tatsächlich „das Leben" erfasst oder sind wir Opfer einer Übertragung kindlicher Perspektiven in Bezug auf das Leben schlechthin geworden?

Alles ist wahr und nichts

In der Tat – jede der hier beispielhaft geäußerten Wahrheiten kann durchaus zutreffen.

Das Leben kann hart sein. Es kann aber auch freundlich und weich sein. Menschen können lügen oder die Wahrheit sagen. Alles ist möglich. Aber eben auch das Gegenteil davon.

Der „Fehler" des Inneren Kindes liegt nun in den Verallgemeinerungen der damals gebildeten Wahrheiten und im Festhalten an den daraus abgeleiteten Richtlinien und Anweisungen. Dadurch wird das Leben wie auf einer Schiene gelegt.

Generalisierungen sind ein ganz normaler Teil kindlicher Wirklichkeit, denn Kinder sind weit mehr gefühlsbestimmt als Erwachsene. Empfinden sie ihre Eltern als langweilig, dann sind *alle* Erwachsenen langweilig. Empfinden sie die Familienatmosphäre als bedrückt, dann ist die *ganze* Welt bedrückend.

Wenn ein Kind traurig ist, kann es sich nicht mit den Gedanken trösten „Morgen ist das vorbei". Dann ist sein Leben jetzt und damit überhaupt traurig. Und wenn es glücklich ist, kann es sich nicht vorstellen, dass dieses Glück einmal enden könnte.

Dem Kind erscheint das Jetzt als Immer, das Heute als Ewigkeit, die Menschen seiner Umgebung als alle Menschen und seine Welt als die ganze Welt.

Die Wahrheiten, die das Kind über sein Leben herausgefunden hat, werden zu Wahrheiten über das Leben. Die Richtlinien, die es für seine kleine Welt entwickelt hat, sollen ihm den Weg in der Welt weisen.

Auf diese Weise, durch Generalisierung, wird die kindliche Lebenserfahrung durch das Innere Kind in das Leben des erwachsenen Menschen transportiert. Es steht außer Zweifel, dass ein Kind nicht die Wahrheit über „das Leben" erfassen kann. Und trotzdem hat jeder von uns ein Kind in sich, das solches glaubt und sich danach verhält.

Dabei kann das Leben völlig anders sein, als wir es für möglich halten. Doch um dies zu erfahren, müssten wir an andere Wahrheiten glauben, und erst dann würden sich daraus veränderte innere Richtlinien und Verhaltensweisen ergeben. Die Voraussetzung dafür wäre allerdings, zu einer gänzlich anderen Deutung von Ereignissen in der Lage zu sein.

Zu anderen Wahrheiten gelangt ein Mensch, indem er Vorgänge neu deutet.

Somit ist die Neudeutung in Bezug auf sich selbst, die Menschen und die Welt ein Schlüssel zur Bewältigung der Vergangenheit.

Umgang

Ein besserer Umgang mit der Vergangenheit wird durch Neudeutungen erreicht, die sich auf die eigene Person, die Menschen und die Welt beziehen.

Sein Leben oder sein Erleben kann verändern, wer es schafft, Ereignisse neu zu deuten, anders als damals. Für solche Neudeutungen reicht es allerdings nicht aus, sich eine andere Meinung zu bestimmten Ereignissen zu bilden. Der Verstand reicht nicht tief genug in die Persönlichkeit hinein, um emotional fundierte oder gar körperlich zementierte Neudeutungen zu ermöglichen.

Ein Beispiel hierzu: Ein Mann berichtet, dass seine Frau in der Zeit, als er vorübergehend getrennt von ihr lebte, einen Geliebten hatte. Dieser fuhr einen grünen VW–Passat. Wann immer der Mann diesen Passat auf dem Hof stehen sah, wusste er, dass seine Frau Besuch von ihrem Geliebten hatte.

Der Mann entwickelte eine nachvollziehbare Abneigung gegen den grünen Passat. Wenn er ihn sah, stellten sich flaue Gefühle in der Magengegend, Herzklopfen und quälende Fantasien ein. Nach einigen Wochen tauchten diese Gefühle bei jedem grünen Passat auf, den er sah. Auch nachdem seine Frau ihre Liebschaft lange aufgegeben hatte, blieb seine Abneigung gegen grüne Passats bestehen. Seine Deutung lautete immer noch „Gefahr" und löste Angst aus. Diese unbewusste ablaufende Deutung löste sich erst nach einigen Jahren auf. So lange hat der Prozess dieser relativ harmlosen gefühlsmäßigen Umdeutung gebraucht.

Eine Umdeutung auf tiefer Ebene ist erst vollzogen, wenn nicht nur veränderte Gedanken, sondern auch veränderte Gefühle und Empfindungen zu bestimmten Situationen und Ereignissen entwickelt worden sind.

Eine Entlassung aus dem Unternehmen kann die Chance zu einem Neuanfang sein. Trotzdem wird sie in den meisten Fällen Angst und Unsicherheit auslösen, weil sie emotional als Gefahr und nicht als Chance gedeutet wird.

Das plötzliche Ende einer Partnerschaft wird fast immer von Angst oder Panik begleitet. Dabei kann es etwas sehr Positives bedeuten, wie der Brief einer Frau zeigt:

„Nachdem für mich der Traum einer glücklichen und normalen Familie zerbrochen war, mit der Trennung von meinem Mann, kann ich heute drei Jahre später sagen, es hätte mir in meinem Leben für meine persönliche Weiterentwicklung und das Finden meiner Lebensziele und Stärken nichts Besseres passieren können. Heute bin ich über die Entwicklung von damals froh und kann so leben, wie ich bin, und nicht gefangen in einer frustrierenden Beziehung, die ja alle Lebensbereiche beeinflusst. Ich war in meinem Leben noch nie so stark und mit mir zufrieden und dafür danke ich der Schule des Lebens."

Ein schönes Beispiel der vollständig vollzogenen Umdeutung einer Trennung. Bei zukünftigen Trennungen wird die Frau diese neue Deutung parat haben und leichter mit dem Verlust einer Beziehung umgehen können.

Tief religiöse Menschen versuchen, ihr Schicksal durch eine spezifische Deutung annehmbar und erträglich zu machen. Während nichtreligiöse Menschen oft mit dem Schicksal hadern, deuten jene Schicksalsschläge indem sie glauben, Gott habe ihnen eine Prüfung gesandt, damit sie ihr wahres Wesen erkennen. Anstatt sich mit der furchtbarsten aller Fragen, der Frage „Warum?" oder „Warum gerade ich?" zu quälen, trösten sie sich mit einem „Gott weiß warum" und glauben „Er wird alles richten".

Der Vorgang der Neu– oder Umdeutung lässt sich oft bei Menschen beobachten, die älter werden. Im Alter sehen sie die Dinge nicht mehr so verbissen, wie sie es in ihrer Jugend taten. Im Alter bedeuten Besitz und Gegenstände weniger und Erleben wird wichtiger.

Eine Neudeutung stellt im Grunde nichts Außergewöhnliches dar. In Bezug auf das Innere Kind, also in Bezug auf grundlegende Wahrheiten und immer dann, wenn veränderte Bewusstseinszustände eingetreten sind, stellen Neudeutungen allerdings echte Herausforderungen dar.

Herausforderungen
– die persönliche Geschichte neu schreiben

Da die Deutungen des Inneren Kindes nicht rational, sondern vorwiegend zutiefst körperlich und emotional begründet sind, besteht die Herausforderung darin, Entwicklungen und Vorfälle nicht nur rational, sondern auch körperlich und emotional auf neue Weise zu deuten. Durch diese Umdeutung schreibt man die persönliche Geschichte neu.

Der Entwicklung des Inneren Kindes

Um die Deutungen des Inneren Kindes in ihrer ganzen Tragweite zu begreifen, versetzen wir uns einmal in die Welt eines Kindes und verfolgen seine Entwicklung.

Gebärmutter

Die kindliche Entwicklung beginnt in einem relativ geschützten Raum – der Gebärmutter. Warm, weich und ziemlich behütet wächst der Embryo heran. Zumindest sollte es so sein. Denn nicht in jedem Fall verläuft diese Entwicklung ganz ungestört.

Einflüsse von außen, beispielsweise Lärm, Bewegungen, Stöße, dringen in diese Höhle ein. Auch der psychische und körperliche Zustand der Mutter, die Qualität ihrer Ernährung, Drogenkonsum, Alkoholgebrauch oder Faktoren wie Gefühle, Stress, Glück oder Angst wirken sich auf den ungeborenen Organismus aus.

Ist der Fötus tatsächlich so empfindlich? Nimmt er solche Einflüsse wahr? Ist der sich entwickelnde Körper überhaupt zu Deutungen in der Lage? Ein einfaches Experiment beantwortet diese Frage. Wenn man versucht, einen Einzeller beispielsweise mit der Spitze einer Pipette zu durchdringen, zieht sich dieser zusammen. Schon ein Einzeller ist also in der Lage, eine Bedrohung als solche zu erkennen und richtig zu deuten, und zwar auf rein körperliche Weise.

Ebenso kann das sich entwickelnde Kind bestimmte Einflüsse deuten. Es macht dies nicht über den Verstand, sondern über den Körper. Der Körper weiß, ob Geräusche gut oder schädlich sind. Er öffnet sich für bestimmte Musik und verschließt sich vor anderer. Der Körper weiß, welche Temperatur ihm zuträglich ist, welche Hormonausschüttung Lust oder Angst signalisiert, und seine Zellen reagieren auf chemische und hormonelle Einflüsse.

So spielen die Vorgänge im Körper der Mutter und um sie herum eine wichtige Rolle, auch wenn es sehr schwer ist, Einflüsse aus der Zeit des Gebärmutteraufenthaltes eindeutig dieser Phase zuzuordnen.

Geburt – Ich bin da!

Ein gravierendes Ereignis bei der Prägung des Inneren Kindes stellt in jedem Fall die Geburt dar. Schließlich stellt die Geburt den ersten Kontakt zu Menschen und der Welt her. Durch die Art und Weise der Geburt werden Grundhaltungen dem Leben und den Menschen gegenüber geschaffen – entweder in positiver oder in negativer Hinsicht. Diese Einsicht, die praktizierende Körpertherapeuten schon lange besitzen, wird heute von der Hirnforschung übrigens voll und ganz bestätigt, wie man in den Schriften von Gerhard Roth und Wolf Singer nachlesen kann.

Wie deutet beispielsweise ein Kind, aus der lebensbedrohlichen Steißlage mithilfe von Zangen befreit zu werden? Auf keinen Fall empfindet das Kind dies als die Lebensrettung, die der Eingriff objektiv darstellt. Vielmehr als eine Situation, in der „man nichts machen kann" (weil man feststeckt) und in der andere „mit mir machen, was sie wollen" (mit Zangen quälen).

Hilflosigkeit, Ohnmacht und die Bereitschaft, quälende Situationen passiv auszuhalten, können Ergebnisse einer solchen Erfahrung sein. Die Innere Anweisung bezogen auf das Leben lautet dann: „Streng dich nicht an, es hat doch keinen Sinn, du kannst doch nichts machen!" Und über die Menschen steht fest „Denen kann man nicht trauen, die tun einem weh!" oder vielleicht „Warte bis dir jemand hilft".

Die Geburt ist ein Vorgang des Gehens und des Ankommens zugleich. Das Kind verlässt die sichere Höhle und gelangt in eine unendliche Weite, wo es sich willkommen oder abgelehnt fühlt, je nachdem, auf welche Weise es seine Ankunft erlebt.

An Beinen gehalten, auf den Kopf gestellt, gewogen, eingewickelt (eingeschnürt?) wird es die Welt als einen bedrohlichen und unfreundlichen Ort erleben und sich vor deren Weite verschließen. Es wird gegenüber dem Leben und den Menschen eine im Kern misstrauische Haltung einnehmen.

Behutsam empfangen, in Ruhe angenommen, auf den Bauch gelegt, der Übergang zur Atmung sanft gestaltet, wird es den Menschen mehr Vertrauen entgegenbringen und sich der Welt öffnen.

„Ich bin da" – so lässt sich der Augenblick des Ankommens aus Kindessicht schildern. Aber wo? An einem freundlichen Ort oder an einem Ort, wo es nicht hingehört und wo es nicht sein will?

Viele Menschen laufen mit dem Gefühl in der Welt herum, nicht hierhin zu gehören. Sie empfinden eine wattige Distanz zur Welt und den Menschen. Sie sind nicht wirklich „da". Sie sind innerlich nie ganz in der Welt angekommen. Die Umstände bei der Geburt können Ursache für solche distanzierten Zustände sein.

Wer den Augenblick seiner Geburt einmal wieder erlebt, kann das unendliche Glück dieses Ankommens nachvollziehen – oder den Schreck und die Angst, die damals ausgelöst wurden.

Tatsächlich gehört die Geburt zu den ersten prägenden Ereignissen des Lebens. An ihrem großen Einfluss auf das spätere Leben ändert auch die Tatsache nichts, dass Menschen sich im Normalbewusstsein nicht an dieses einschneidende Erlebnis erinnern können.

Babyzeit – Ich brauche

War das Erleben des Kindes in der Gebärmutter und bei der Geburt im Grunde vorwiegend rein körperlich, rückt in der Babyzeit zunehmend emotionales Erleben in den Vordergrund.

Nun hängt es von der Erfüllung seiner grundlegenden Bedürfnisse ab, ob das Kind Menschen gegenüber sein Urvertrauen behält oder Misstrauen und Ablehnung entwickelt.

Hierbei wird es jede wichtige Entwicklung auf seine ihm eigene emotionale Weise deuten. Da es zu Beginn nicht zwischen inneren oder äußeren Auslösern seiner Gefühle unterscheiden kann, ist es Gefühlen im wahrsten Sinne des Wortes ausgeliefert. Das Kind ist Gefühl, also ist die Welt auch Gefühl. Die Welt dreht sich um sein Gefühl. Sein Gefühl ist die Welt.

Aufmerksamkeit für seine Bedürfnisse zu erhalten bedeutet in diesem Zusammenhang: „Ich bin wichtig". Wenig beachtet zu werden dagegen: „Ich bin es nicht wert". In wesentlichen Lebensäußerungen ignoriert zu werden bedeutet:

„Es gibt mich nicht wirklich" oder: „Ich spiele für andere keine Rolle".

Lässt die Mutter das Baby allein, empfindet es sich als hilfloses Opfer eigener Ängste und reagiert mit Wut und Klage. Es wird alles unternehmen, um die störenden Gefühle loszuwerden und sich wieder geborgen und sicher zu fühlen. Denn es deutet die Abwesenheit der Mutter als Gefahr für sein Leben. Seine gefühlsmäßige Deutung lautet „Allein werde ich sterben", und deshalb lautet die innere Anweisung: „Mach auf dich aufmerksam, schrei, brülle, sonst wirst du sterben".

Dieses Verhalten kann Richtschnur für späteres Beziehungsverhalten werden. Die Psychologie spricht dann von 'Bindungsstörungen'. Sobald beim Erwachsenen die Gefahr des Verlassenwerdens besteht, greift die innere Anweisung und es kommt zu Eifersuchtsszenen. Ein Partner brüllt, droht, bittet, bettelt, schreit – um den anderen zum Bleiben zu bewegen. Außenstehende Zuschauer bewerten dieses Verhalten durchaus zutreffend als „kindisch". Was kein Wunder ist, denn das Innere Kind ist dabei mit Macht am Werk.

Die Deutungen des Inneren Kindes sind in einem grundlegenden Sinne emotional und die Emotionen eines Kindes sind deshalb so stark, weil sie die ganze Kraft des Überlebenwollens in sich tragen und zum Ausdruck bringen.

Was ein Kind braucht oder glaubt zu brauchen, darum kämpft es mit allen ihm zur Verfügung stehenden Mitteln – vor allem mit Gefühlen. Später führt das Innere Kind diese emotionalen Überlebensversuche in Krisensituationen fort.

Das erklärt, warum der Verstand in Krisen nicht gegen das Innere Kind ankommt. Denn wenn es mit seinen Gefühlen ums Überleben kämpft, bleibt für den Verstand wenig Raum.

Kindheit – Ich will

Im Laufe der ersten Lebensjahre entwickelt das Kind ein Bewusstsein des eigenen Ich. Es lernt nach und nach, sich als eigene Person wahrzunehmen, und grenzt sich damit von anderen Menschen ab.

Nun *braucht* es nicht nur, es *will* auch. Und es erfährt die Reaktion seiner Umwelt auf diese Willensäußerungen in Form von Erfüllung oder Versagung, von Anerkennung oder Ablehnung.

Allmählich entwickelt sich ein Verstand im Sinne des rationalen Erkennens von Zusammenhängen. „Wenn ich ... tue, wird ... passieren."

> – Wenn ich schreie, werde ich bestraft. Also ist es besser, den Mund zu halten.

> – Nur wenn ich lieb bin, bekomme ich Zuwendung. Also ist es besser, lieb zu sein.

> – Nur wenn ich etwas leiste, werde ich anerkannt. Also muss ich mich anstrengen, um Anerkennung zu bekommen.

Das Kind lernt zu rationalisieren, es begreift, wie die Anderen funktionieren. Es eignet sich einige der Fähigkeiten an, denen es bisher in den Erwachsenen begegnete.

Sein sich entwickelnder Verstand ist kein überblickender, die Verhältnisse relativierender, sondern ein reaktiver Verstand. Ein Verstand im Sinne von Konditionierung. Wir können unschwer seine Deutungen und die daraus entspringenden inneren Anweisungen erkennen „Wenn ..., dann ..., also muss ich, ... sonst ..., und ich darf nicht, sonst ..."

Zu den körperlichen und emotionalen Deutungen aus Geburt und Babyzeit gesellen sich nach Abschluss der ersten Lebensjahre nun auch rationale Deutungen. Durch sie entsteht der 'Innere Erwachsene', ein Verstand, der sich die

Dinge erklärt.

Das Kind versteht, wie die Dinge in seiner Welt funktionieren; und da es immer noch nicht über die Grenzen seiner kleinen Lebenswelt hinausschauen kann, muss es auch seine rationalen Wahrheiten generalisieren.

Interpretationen und Botschaften

Die Gesamtheit der körperlichen und emotionalen und rationalen Deutungen bildet von nun an, etwa ab dem fünften oder sechsten Lebensjahr, ein festes System individueller Orientierung.

Das Kind weiß nun, wie das Leben „ist", wie die Menschen „sind" und wie es selbst „ist". Es verfügt über ein ganzes System von Deutungen, aus denen Annahmen entstehen, die zu inneren Richtlinien führen.

Dabei ist es gleichgültig, ob solche Richtlinien durch eigene Interpretationen des Kindes zustande kommen oder ihm tatsächlich verbal oder nonverbal vermittelt werden.

Wenn die Mutter längere Zeit ins Krankenhaus muss, fühlt sich das Kind verlassen und ungeliebt. Die Botschaft dieses Ereignisses lautet möglicherweise „Du bist unwichtig" und die Richtlinie daraus „Ich muss alleine klar kommen".

Wenn der Vater stirbt, fühlt sich das Kind um seine Liebe betrogen. Es kann nicht anders, als die Situation aus seiner Sicht zu interpretieren und daraus seine eigenen Schlüsse und Konsequenzen zu ziehen. Die Botschaft lautet womöglich: „Man kann sich nicht auf Männer verlassen" und die Anweisung: „Lass dich lieber nicht auf Liebe ein, Liebe geht sowieso".

Verbale Botschaften wie: „Du taugst nichts" können die gleiche Wirkung wie nonverbales Verhalten entfalten. Wenn beispielsweise zu wenig Zeit mit dem Kind verbracht wird, lautet die empfangene Botschaft nicht: „Ich habe wenig Zeit für dich" sondern: „Du bist es nicht wert".

Ich erinnere mich an eine Frau, die in Beziehungen ein geradezu unterwürfiges Verhalten ihren Partnern gegenüber zeigte. Sie verhielt sich so, als ob sie keinerlei Rechte besäße. Im Seminar wurde der Hintergrund dieses Verhaltens deutlich. Die Mutter war vom Freund verlassen worden, angeblich, weil dieser keine Frau mit Tochter wollte. Wenn sie betrunken war, gab die Mutter der kleinen Tochter die Schuld daran. „Wegen Dir hat er mich verlassen!" Das Mädchen verstand: „Meinetwegen muss Mutter leiden, ich bin schuld, ich bin schlecht" und versuchte von nun an verzweifelt, durch Anpassung und Unterordnung alles „wiedergutzumachen". Dieses Verhalten, das ihr Liebe sichern sollte, zeigte sie auch in ihren Partnerschaften, wo sie dadurch allerdings keine Liebe erhielt, sondern sich an Menschen band, die ihr die Schuld am eigenen Zustand zuwiesen.

Nonverbale Botschaften werden oft aus der Familienatmosphäre entnommen. Man braucht keine Worte, um einem Kind zu zeigen, was man von ihm hält oder von ihm erwartet. Es genügt, sich ihm gegenüber zu verhalten. Wann lächelt der Vater? Wodurch wendet die Mutter sich ab? Was ruft dieses Stirnrunzeln hervor? Womit kann ich die Eltern erfreuen?

Das Kind baut durch die Deutung der Reaktionen seiner Umwelt eine Vorstellung davon auf, wie es „ist". Es ist „liebenswert" oder „unwichtig". Es ist „willkommen" oder „überflüssig". Es ist „schlau" oder „dumm". Wie auch immer es zu sein glaubt, es gelangt erst im Kontakt mit anderen Menschen durch deren Botschaften und seine eigenen Interpretationen zu diesen Annahmen über sich selbst.

Auch der Umgang der anderen Familienmitglieder miteinander enthält Botschaften. Diese werden zu Modellen für

Verhalten. Aus ihrer Beobachtung kann das Kind schließen, was es besser tun oder lassen sollte und welche Konsequenzen ihm drohen könnten. Sind die Eltern beispielsweise willkürlich und unberechenbar, ist es allemal besser, nicht aufzufallen. Sonst wird man schnell Objekt ihrer Aggression.

So hat jeder Mensch, gleichgültig wie er aufgewachsen ist, Tausende Situationen interpretiert sowie unzählige direkte oder indirekte Botschaften empfangen und daraus Überzeugungen gewonnen. Diese verweben sich zu Richtschnüren und inneren Anweisungen, die im Erleben des Kindes sinnvoll erscheinen, an die es glaubt und denen es folgt.

Diese Anweisungen beeinflussen das ganze spätere Leben in Gestalt des Inneren Kindes. Will jemand solche negativen Einflüsse seiner Vergangenheit auflösen, muss er zu neuen Deutungen finden. Deutungen, zu denen er damals nicht in der Lage war.

Die persönliche Geschichte neu schreiben

Durch die geschilderten Entwicklungen ist deutlich geworden, dass die Herausforderung für einen erwachsenen Menschen, der sich von negativen Konditionierungen aus der Vergangenheit lösen will, darin besteht, sein inneres Orientierungssystem aufgrund neuer Deutungen umzustellen.

Es geht im Grunde darum, dass Körper, Gefühl und Verstand ein neues Verständnis der Ereignisse und Vorgänge bekommen. Hierzu das Beispiel einer Frau:

„Früher dachte ich, wenn mein Partner fremd geht, läge es an mir. Ich habe nach Fehlern bei mir gesucht und geglaubt, ich wäre nicht liebenswert."

Vom Verstand her konnte diese Frau die Zusammenhänge, die zu starken Selbstzweifeln führten, natürlich durchblicken. Ihr Problem bestand aber darin, sich nicht liebenswert *zu fühlen*. Was nützt das beste Wissen, wenn die Gefühle nicht mitspielen?

Erst als das Fremdgehen des Partners keine derartigen Selbstzweifel mehr auslöste, konnte man von einer gelungenen Umdeutung sprechen, weil dann auch die emotionale Ebene mit einbezogen war. Von da an bedeutete sein Verhalten: „Er liebt eine andere" oder: „Er liebt uns beide", aber nicht: „Mit mir stimmt etwas nicht". Trauer und Traurigkeit entstanden trotzdem, doch die Verbindung zu sich, die Selbstliebe, wurde durch das Verhalten des Partners nicht länger erschüttert. Eine echte Neudeutung hatte stattgefunden.

Wie gelangte die Frau zu dieser Neudeutung? Indem sie als erwachsene Frau in die Kindheit zurückkehrte und dem Inneren Kind begegnete, das glaubte, nicht liebenswert und falsch zu sein. Indem sie die Tiefe und die Wurzeln ihrer Gefühle entdeckte und dieses Kind an ihr Herz drückte und ihm die Botschaft sandte, es sei liebenswert. Mit anderen Worten: Indem sie Kontakt mit sich selbst aufnahm und ihr Verhältnis zu sich verbesserte.

Wenn ein erwachsener Mensch bewusst in die Kindheit zurückkehrt und die damaligen, oft sehr heftigen Gefühle wieder erlebt und ihre Tiefe nachvollzieht, kann er seine Deutung in ihrer emotionalen Tragweite und den gefühlsmäßigen und körperlichen Zusammenhängen erfassen. Dann begreift er körperlich und emotional diese Deutung als für das Kind in seiner damaligen Situation verständlich, aber nicht unbedingt richtig.

Dass damals „Vater nicht mit mir gespielt hat" bedeutet dann nicht mehr: „Ich bin unwichtig" sondern: „Vater war ein Arbeitstier". Die Konsequenz lautet nicht mehr: „Ich muss mich um seine Aufmerksamkeit kümmern" sondern: „Ich muss mich um mich selbst kümmern".

Die damalige Überlastung der Mutter bedeutet nicht mehr:

„Ich war ihr zu viel" sondern: „Mutter war es zu viel". Die Konsequenz lautet dann: „Ich kann ruhig sagen, was ich brauche" anstatt: „Ich muss bescheiden sein".

Die damalige Härte der Eltern bedeutet dann nicht mehr „Niemand interessiert sich für meine Gefühle" sondern „Sie hatten keinen Zugang zu Gefühlen". Die Richtschnur „Ich muss alleine mit mir klarkommen" kann beiseite gelegt werden und durch die Anweisung „Ich darf mir Hilfe holen" ersetzt werden.

Und so, indem er sich auf tiefere Erlebensebenen begibt, indem er als erwachsener Mensch in die damalige Welt steigt und sich dort umschaut und die Zusammenhänge neu begreift, gelangt er zu neuen Deutungen. Auf solche Weise schreibt ein Mensch seine persönliche Geschichte neu.

Wer glaubt, durch reine Verstandesleistung gegen die Macht seines Körpers und seiner Gefühle anzukommen, beispielsweise durch positives Denken, wird nicht in die Tiefe seiner Konditionierungen gelangen. Positives Denken reicht nur ein relativ kurzes Stück weit. Wer hingegen die Konfrontation mit körperlichem Empfinden und gefühlsmäßigen Zuständen wagt, wird seine Deutungen bei der Wurzel packen können.

Die aufmerksame Begegnung und der liebevolle Umgang mit dem Inneren Kind sind wichtigste Schlüssel für das Gelingen tief gehender Neudeutungen. Denn im Umgang mit dem Inneren Kind wird der Hebel an Gefühlen und körperlichen Empfindungen angesetzt.

Die Figuren Inneres Kind und Innerer Erwachsene

Der Umgang mit rational, körperlich und emotional an der Vergangenheit orientierten Zuständen wird durch die Figuren Inneres Kind und Innerer Erwachsener erleichtert.

Der Umgang mit gefühlsmäßigen und rationalen inneren Konzepten fällt den Menschen schwer, weil sie weder über Begriffe dazu verfügen noch diesen Kräften Gestalt verleihen können. Durch das Konzept des Inneren Kindes, wie ich es hier schildere, werden Gefühls– und Verstandeskräfte greifbar.

Die Lebensumstände eines Kindes werden im Wesentlichen von zwei Kräften gekennzeichnet, auf die ich bereits eingegangen bin. Es sind dies:

– die Gefühle,
– der Verstand.

Diese Kräfte werden in meiner Arbeit durch 'Figuren' symbolisiert. Was sind Figuren?

Figuren sind Persönlichkeitsanteile, die so behandelt werden, als ob es sich dabei um Personen handelt. Dazu brauchen sie einen Namen und eine Beschreibung dessen, wer sie sind und wie sie sich verhalten.

Die Namen, den Gefühle und Verstand erhalten, lauten 'Inneres Kind' und 'Innerer Erwachsener'. Die Beschreibungen, die dazu gehören, liefert der Einzelne, indem er von seinen Gefühlen und Gedanken und vor allem vom Verhältnis berichtet, das Gefühl und Gedanken miteinander haben.

Zum Begriff des Inneren Kindes als Repräsentant von Gefühlswelten habe ich bereits viel gesagt. Zum Begriff des Inneren Erwachsenen ist zu sagen, dass er die Verstandeswelt repräsentiert. Damit ist nichts objektives gemeint, sondern die subjektive Art und Weise, in der ein Einzelner sich die Zusammenhänge seiner Lebenswelt erklärt. Der Innere Erwachsene ist der Teil eines Selbst, der begriffen hat, wie 'es' funktionierte: unter den damaligen Umständen. Die rationalen Wahrheiten des Inneren Erwachsenen werden ebenso wie die emotionalen Erfahrungen des Kindes auf das spätere Leben übertragen.

Im einzelnen Menschen gehen Verstand und Gefühl ein Verhältnis miteinander ein, indem sie aufeinander einwirken. Betrachten wir daher zuerst, wie die Kräfte Gefühl und Verstand sich aufeinander beziehen können.

Das geliebte und das ungeliebte Kind

Zu Beginn seiner Entwicklung ist ein Kind gänzlich mit körperlich–emotionalen Empfindungen identifiziert. Es kann noch nicht über seine Situation reflektieren.

Wenn die Mutter das Zimmer verlässt, denkt es nicht: „Mutter ist einkaufen und kommt in zwei Stunden zurück". Seine Empfindungen, sofern es diese formulieren könnte, würden sagen: „Mutter ist weg und ich muss schreien, damit sie zurückkommt". Ein Kind kann auch nicht denken: „Ich liege im Gipsbett, damit ich später gesund bin", sondern es empfindet: „Die Menschen quälen mich".

Da ein Kind vorwiegend Körper beziehungsweise Gefühl ist, kann es sich auf zwei verschiedene Weisen erleben: indem seine körperlichen und emotionalen Bedürfnisse erfüllt werden oder indem deren Erfüllung versagt bleibt. Indem es bekommt, was es zu seiner Entwicklung braucht, oder indem ihm dieses vorenthalten wird.

Werden seine Bedürfnisse befriedigt, fühlt es sich angenommen und geliebt. Es wird zum hellen Kind. Anderenfalls
fühlt es sich abgelehnt und ungeliebt und nimmt die Gestalt
des dunklen Kindes an.

Wenn ich im Folgenden vom geliebten oder ungeliebten
Kind spreche, beziehe ich mich allein auf das Empfinden
und die Gefühle des Kindes, nicht auf sogenannte objektive
Umstände.

Das Kind im Gipsbett muss sich ungeliebt fühlen, egal ob
die Eltern es lieben oder nicht. Denn seine Bedürfnisse nach
Bewegung und Nähe bleiben unerfüllt. Es wird an diesem
Punkt automatisch zum dunklen Kind.

Das Kind, das einen Elternteil verliert, muss sich im Stich
gelassen fühlen. Es hat noch kein Verständnis vom Tod. Es
wird in dieser Situation ganz von selbst zum dunklen Kind.

Kinder sind hell oder dunkel nach dem Zustand ihrer Gefühle und ihrer grundlegenden Lebenshaltungen. Sie sind
fröhlich, traurig, einsam, verbunden, offen, verschlossen …
und alle diese Empfindungen ergeben sich aus dem Eindruck, geliebt beziehungsweise ungeliebt zu sein.

Der liebende und der lieblose Erwachsene

Da das Kind Gefühlskräfte repräsentiert, werden die Verstandeskräfte von „den anderen", den erwachsenen Menschen seiner Umgebung, allen voran Mutter und Vater, übernommen.

Diese Menschen können nachdenken, überlegen, planen,
vorausschauen. Sie können Entscheidungen treffen und entsprechend handeln. Dabei folgen sie den unterschiedlichsten
Gedankensystemen und Meinungen.

Sie können ein Kind schreien lassen, weil das angeblich
„seine Lungen kräftigt", oder es in die Arme nehmen, weil

es ihrer Meinung nach Halt braucht. Sie können Zeit mit ihm verbringen, weil sie das für richtig halten, oder es vernachlässigen und statt mit Liebe mit Geschenken überhäufen.

Erwachsene können sich dem Kind gegenüber klug oder dumm verhalten, starr oder flexibel, zugewandt oder abgewandt. Kurzum: sie können sich liebevoll und lieblos verhalten.

Wann sind Eltern liebend? Wenn sie alles tun, was ein Kind will? Nein. Sie sind liebend, wenn sie die Bedürfnisse des Kindes erfüllen und ihm und seinen Lebensäußerungen gegenüber eine aufgeschlossene und zugewandte Haltung zeigen. Welcher Art sind die kindlichen Bedürfnisse?

Für das Baby ist ein freundlicher Übergang in die Welt wichtig, der glaubhaft die Botschaft sendet: „Du bist willkommen".

Für das Kleinstkind ist Präsenz vorrangig. Die Eltern sollen ihr Kind halten, liebevoll anschauen, es nähren und ihm einen sicheren Ruheplatz auf ihren Armen geben. In dem Falle lautet die Botschaft „Du kannst dich sicher fühlen – wir sind für dich da". Auf diese Weise wird das Urvertrauen des Kindes bestätigt und gestärkt.

Beim etwas größeren Kleinkind ist die Unterstützung des Willens bei gleichzeitiger Grenzziehung wichtig. Die Botschaften: „Du bist liebenswert so wie du bist" und „auch wenn du einen eigenen Willen hast und wir dem nicht immer nachkommen, lieben wir dich" sollten ankommen.

Je nachdem, ob sie liebevoll auf ihr Kind eingehen oder sich ohne innere Verbundenheit zu ihm verhalten, werden Eltern zu hellen oder dunklen Erwachsenen. Der helle Erwachsene ist zugewandt und bezogen, der dunkle unbezogen oder abgewandt oder starr oder gar willkürlich.

Die Beziehung zwischen Kind und Erwachsenem

Wenn sich Eltern und Kinder gegenüberstehen, personalisieren sie in ihrem Kontakt vorrangig die Kräfte Verstand und Gefühl.

Somit gehen Verstand und Gefühl eine Beziehung ein, in der sich verschiedene Personen gegenüberstehen:

- das helle Kind (das sich geliebt fühlende Kind mit wohligen Gefühlen),
- das dunkle Kind (das sich ungeliebt fühlende Kind mit schmerzlichen Gefühlen),
- der heller Erwachsene (der liebevoll verbundene Erwachsene),
- der dunkler Erwachsene (der innerlich getrennte Erwachsene).

Die Begriffe „hell" und „dunkel" sind nicht als Wertung zu verstehen, sondern sie beschreiben Zustände und Haltungen.

Der Kontakt der hellen Seiten

Stehen sich ein helles Kind und ein heller Erwachsener gegenüber, so gehen Gefühl und Verstand eine lebendige, nach Verbindung und Ausgleich strebende Beziehung ein. Das ist der Fall, wenn die Bedürfnisse des Kindes erfüllt und ihm zugleich altersgerechte Chancen geboten und Grenzen gesetzt werden.

Beispielsweise finden helle Eltern Wege, das Kind durch liebevolle Routinen an bestimmte Essenszeiten, Schlafenszeiten oder Abwesenheit zu gewöhnen, während dunkle Eltern hierbei Zwang ausüben, weil sie von den Bedürfnissen der Kinder genervt sind.

Helle Eltern akzeptieren die Gefühle des Kindes und gehen von dieser Position aus mit ihnen um.

Einem wütenden Kind zu sagen: „Du brauchst doch nicht wütend zu sein" ist beispielsweise die Aussage eines dunklen Erwachsenen. Sie führt beim Kind zum Empfinden, falsche Gefühle zu haben. Das Kind ist wütend. Ihm zu sagen, es brauche das nicht zu sein, zeugt von fehlender Einfühlung. Helle, verbundene Eltern würden stattdessen anerkennend sagen: „Du bist aber wütend!". Damit wären die Gefühle des Kindes anerkannt, was zu einer ersten Entspannung führt.

Ich hörte einen Vater, der seine Frau gerade zu einer schweren Operation ins Krankenhaus gebracht hatte, zur Tochter sagen, sie müsse jetzt „tapfer sein" und solle keine Angst haben. Nun – wie soll das einem Kind gelingen? Der Vater hat selbst Angst um seine Frau und zugleich vor den Gefühlen seiner Tochter. So wurde er ungewollt zum dunklen Erwachsenen. Als heller Erwachsener hätte er das Kind mit seiner Angst zu sich eingeladen und ihm Halt geboten im Sinne von „Es ist völlig in Ordnung, Angst zu haben". Das Kind hätte dann erfahren, dass auch der Vater besorgt ist, aber zugleich ist er größer als seine Angst.

Der Kontakt der dunklen Seiten

Dunkle Erwachsene, also vom Empfinden ihrer Kinder getrennte Erwachsene, und sich demzufolge ungeliebt fühlende Kinder, kann man oft beobachten.

– Das Kleinkind, das lernen soll, allein zu sein, und das von den Eltern in sein Zimmer gesperrt wird. Irgendwann wird es schon aufhören zu schreien.

– Die Eltern, die ihr Kind für eine schlechte Zeugnisnote strafen, damit es sich mehr anstrengt. Die Freude am Lernen steht auf dem Spiel.

– Die Ohrfeige für ein unerwünschtes Verhalten. Schließlich sollen sich Kinder anpassen. Das Kind wird gehorchen – aber aus Angst und nur so lange es die Eltern fürchten muss.

– Der Sohn, der sich ein Knie aufschlägt und dessen Weinen vom Vater mit den Worten: „Stell dich nicht so an" kommentiert wird, wird automatisch zum dunklen Kind. Um sich geliebt zu fühlen wird er seine Fähigkeit, Schmerz zu zeigen, zurückhalten.

– Die Tochter, die lieb und nett sein soll, fühlt sich schlecht und schuldig, wenn sie wütend wird. Sie wird ihre Aggressionen verstecken und damit ihre Selbstbehauptungsfähigkeiten weniger stark entwickeln.

Dunkle Erwachsene und dunkle Kinder finden nicht zu einer liebevollen Beziehung, sondern zerren aneinander. Sie gestalten Beziehungen, die von Kampf und Verzweiflung gekennzeichnet sind. Sie vertreten scheinbar unvereinbare Positionen und kommen deshalb nicht „zusammen". Ihre Beziehung ist nicht herzlich, sondern lässt Herzlichkeit vermissen.

Der dunkle Erwachsene kämpft für seine starren Überzeugungen, Ziele und Vorstellungen. Der Kopf regiert sein Handeln. Er sieht nicht, wie sein Kind tatsächlich ist, sondern glaubt zu wissen, wie es sein sollte und was gut für es ist.

Das dunkle Kind kämpft für Anerkennung und gegen Strafe und Vernachlässigung. Es tut dies mit der Logik des Gefühls. Um nicht bestraft zu werden, lügt es. Um nicht übersehen zu werden, wird es auffällig. Um anerkannt zu werden, passt es sich an.

Selbstverständlich sind weder Kinder noch Erwachsene ständig „hell" oder „dunkel". Es kommt aber darauf an, in welchem Ausmaß ihre Beziehung hell oder dunkel, also: verbunden oder unverbunden, verläuft.

Im Laufe der Jahre internalisiert ein Kind die es umgebende und durch Erwachsene repräsentierte Gedankenwelt. Es macht sich einen Großteil der Gedanken von Eltern und anderen Erwachsenen zu eigen. Diese Internalisierung verläuft vor allem über die Aufnahme von Botschaften und durch vorgelebtes Beispiel.

Das Kind sieht den Vater müde und erschöpft nach Hause kommen – also muss die Welt da draußen ganz schön hart sein. Und Vater schickt die Botschaft: „Sei hart, sonst kommst du nicht klar" entweder verbal oder indirekt, indem er hartes Verhalten belohnt und selbst versucht, hart zu sein.

Die Tochter erlebt eine Mutter, die sich vor den cholerischen Ausbrüchen des Vaters duckt. Also ist es wahr, dass „man aufpassen muss" und „Konflikte besser vermeidet". Die Mutter sagt sogar selbst: „Es lohnt nicht, zu streiten", noch ein Grund, das zu glauben.

Das Mädchen erfährt die Anerkennung des Vaters nur, wenn es etwas leistet. Das ist der Beweis dafür, dass „man funktionieren muss". Das Kind wird den Willen zur Leistung entwickeln, denn es braucht die Liebe des Vaters. Schon bald wird es selbst denken, dass nur Leistung zählt.

Innerliche Abbildung der Eltern/Kind–Beziehung

So bildet sich im Kind Schritt für Schritt ein eigenes, an der Umgebung und ihren Gesetzmäßigkeiten orientiertes Verstehen. Sein Verstand bildet sich aus. Es versteht, wie Dinge funktionieren, was man tut und besser lässt, worauf es ankommt, was wichtig ist und worauf kein Wert gelegt wird. Es versteht, wie man mit Gefühlen umgeht, was man zeigt und besser verbirgt, was gern ankommt und was abgelehnt wird. Das Kind entwickelt den Verstand zur Figur des Inneren Erwachsenen weiter.

Irgendwann hat das Kind das Verhältnis der beiden Kräfte Gefühl und Verstand in sich abgebildet.

Es hat neben seiner Fähigkeit zum Fühlen auch die Fähigkeit zur Rationalisierung erworben. Dadurch kann es seinen eigenen Gefühlen gegenübertreten und sich zu sich selbst verhalten. Beispielsweise, indem es Gefühle zurückhält oder zulässt oder indem es bestimmte Gedanken sich selbst gegenüber entwickelt.

Gefühl und Verstand – diese Kräfte nehmen in den Symbolen Inneres Kind und des Innerer Erwachsener jeweils Gestalt an, oder besser: sie werden zu Figuren.

Als Figur bezeichne ich einen Wahrnehmungszusammenhang, der innere Überzeugungen, Deutungslogiken und Verhaltensweisen zusammenfasst.

Der „strenge Vater" ist eine solche Figur, oder die „klammernde Mutter". Figuren lassen sich wie Menschen darstellen. Das trifft auch auf die Figuren des Inneren Kindes und des Inneren Erwachsenen zu. Mithilfe dieser Figuren wird es möglich, innere Abläufe zu verfolgen und zu beschreiben.

Entdeckung

Im Kontakt mit dem Inneren Kind werden Menschen eine
bedeutsame Entdeckung machen:
- Sie gehen mit sich selbst auf gleiche oder ähnliche Weise
um, in der ihre Eltern damals mit ihnen umgingen.
- Auf Dauer bekommen sie daher Probleme mit sich selbst.

In den letzten Jahren nimmt die Zahl „gleichgültiger" Jugendlicher zu. Man nennt sie „No–Future–Kids". Sie kommen überwiegend aus prekären Verhältnissen, sie stehlen Autos, verüben Einbrüche oder begehen Gewalttaten.

Ein Blick in die Kindheit dieser Jugendlichen zeigt, dass deren Eltern (und alle anderen Erwachsenen, also die Gesellschaft) diesen Jugendlichen mit großer Gleichgültigkeit begegneten. Die unausgesprochene Botschaft an jedes dieser Kinder lautete demnach: „Du bist uns nichts wert, du bist egal".

Die Botschaft ist angekommen. Denn diese Kinder vermitteln tatsächlich den Eindruck, ihnen sei „alles egal". Sie setzen bedenkenlos ihre eigene Gesundheit und Zukunft in Straßenkämpfen und kriminellen Taten aufs Spiel. Besonders ausgeprägt kann man diese Gleichgültigkeit sich selbst und anderen gegenüber in den USA beobachten.

Diese Jugendlichen nehmen sich selbst gegenüber die gleiche Haltung ein, die die Erwachsenen ihnen als Kindern gegenüber zeigten. Will man die Haltung der Jugendlichen ändern, müssen die Erwachsenen ihnen mit glaubhaftem Interesse begegnen und dadurch die Botschaft senden „Ihr seid wichtig, ihr seid etwas wert".

Die Haltung des Menschen zu sich selbst

Alle Menschen gehen zuerst einmal mit sich selbst so um, wie die Erwachsenen *damals* mit ihnen umgingen. Denn damals haben sie in der Begegnung von Erwachsenem und Kind diese ganz bestimmte, familiäre und gesellschaftliche Kultur des Umgangs von Verstandes– und Gefühlskräften erlernt.

Waren die Eltern hart den Gefühlen des Kindes gegenüber, so ist der Erwachsene hart sich selbst gegenüber. Er hat im Laufe vieler Jahre begriffen, dass „niemand" an seinen weichen Gefühlen interessiert ist, sondern im Gegenteil negativ darauf reagiert wird. Das Leben ist hart. Für den Vater, die Mutter, das kann ich sehen. Und für mich, das kann ich spüren, denn die Großen sind hart mit mir. Also muss ich auch hart sein, sonst gehe ich hier unter.

Es ist diese Haltung, die sich überträgt und die sich auf das spätere Leben auswirken wird. Jetzt ist dieser Mensch erwachsen geworden. Kann er weich sein? Nein. Im Gegenteil, weiche Gedanken und weiche Gefühle werden ihm Angst machen. In der Therapie erklären solche Menschen, warum sie beispielsweise nicht weinen wollen: „Ich habe Angst, dann nicht mehr aufzuhören".

Menschen, die in ihrer Kindheit überfordert wurden, überfordern sich als Erwachsene selbst. Mussten sie damals Leistung bringen um geliebt zu werden, so bringen sie heute Leistung, um vor sich selbst Anerkennung zu finden. Sie zeigen das reale Wertesystem ihrer Eltern und die gleiche Haltung des Forderns. Aber was sie leisten ist nie genug – weil sie sich nicht selbst lieben und achten und das, was sie leiten, nie genug ist.

Wurden Kinder im Gegensatz dazu nicht gefordert, wurde stattdessen auf über fürsorgliche Weise alles für sie getan, ihnen jede Anstrengung abgenommen, dann haben sie es später schwer, sich zu motivieren und aktiv ihr Leben zu gestalten. Sie fürchten stets zu versagen und lassen sich lieber treiben, als Herausforderungen anzunehmen. Sie haben nicht gelernt, Rückschläge einzustecken und sich trotzdem geliebt und angenommen zu fühlen. Ihr Selbstwert ist unterentwickelt. Sie verkraften keine Niederlage.

Warum ist die Haltung der Eltern ihren Kindern gegenüber so wichtig? Weil darin die Erlaubnisse, Verbote und Begrenzungen der 'ganzen Welt' enthalten sind. Weil Kinder, wie weiter vorn beschrieben, generalisieren. Die kindliche Welt ist die 'ganze' Welt. Dem Kind bleibt nichts anderes, als seine Erfahrung auf 'alles' zu übertragen. Ihm fehlen der Überblick und das Wissen, also das Bewusstsein darüber, dass auch ganz andere Wahrheiten gültig sind.

Ist Weinen verboten, dann ist es in der ganzen Welt verboten. Dann wollen alle Erwachsenen nichts von diesen Tränen wissen. Ist Leistung der Maßstab, dann ist das nicht nur zu Hause, sondern überall so. Dann muss man überall etwas beweisen, um Anerkennung zu finden.

Die kindliche Welt wird zur Welt schlechthin. Und dem späteren Erwachsenen wird es nur schwer gelingen, diese inneren Überzeugungen der Vergangenheit zu überwinden. Er lebt weiter in den Grenzen, die seine kleine innere Welt von verbotenen Gefühlen, Gedanken und Handlungen trennt und ihn von anderen Erfahrungen fernhält.

Verbotene Gefühle

„Ich habe meinen Vater immer nur arbeiten sehen. Mein Gott, hat der geschuftet, um uns groß zu bekommen!"

Dies sagt ein 55–jähriger Mann in ehrfürchtigem Ton. Seine Achtung für den Vater ist deutlich zu spüren. Und zugleich die Verachtung für alle, die „sich hängen lassen", was sich unter anderem in seiner strengen Einstellung gegenüber

Sozialhilfeempfängern und Arbeitslosen bemerkbar macht.

Natürlich hat dieser Mann auch selbst den Wunsch, sich einmal hängen zu lassen. Doch da solche Faulheit zu den verbotenen Gefühlen seiner inneren Welt gehört, darf sie vor sich selbst nicht zugegeben und muss an anderen Menschen kritisiert werden.

Dem Inneren Kind dieses Mannes wird quasi verboten, Spaß zu haben und zu genießen, indem ein strenger Verstand ununterbrochen gebietet: „Lass dich nicht hängen, reiß dich hoch, reiß dich zusammen, mach voran!"

Sobald dieser Mann sich für zehn Minuten hinlegt (schließlich ist er aufgrund seiner Überforderung permanent erschöpft), treibt sein Gewissen ihn weiter. Es ist ihm verboten, auch einmal faul zu sein. Er kann es nicht. Selbst wenn er in seinem Leben einen Gang zurückschalten wollte, könnte er das nicht tun. Er müsste es erst lernen. Er müsste eine positive Haltung seiner eigenen, sogenannten Schwäche gegenüber entwickeln und lernen, öfter die Beine baumeln zu lassen.

Jeder von uns trägt verbotene Gefühle in sich. Der Starke verbietet sich, schwach zu sein (weil man sonst untergeht). Der Schwache verbietet sich, zu kämpfen (weil man ja doch den Kürzeren zieht). Der Zurückhaltende verbietet sich, die Meinung zu äußern (weil es nur Nachteile bringt).

Verbotene Gedanken

Auch bestimmte Gedanken zu haben kann sich ein Mensch verbieten. Beispielsweise waren die Gedanken: „Du bist du und ich bin ich" und: „Ich bin anders" für eine Frau mehr als vierzig Jahre lang undenkbar. Noch weniger konnte sie solche Worte dem Partner gegenüber aussprechen. Sie sprach vielmehr oft davon, dass „es mich eigentlich nicht gibt" oder dass sie nicht wisse, „wer ich bin". Hintergrund dieses Empfindens war die unvollkommene Ablösung von der Mutter, für deren Zustand sie sich in der Kindheit verantwortlich fühlte.

Erst im Kontakt mit dem Inneren Kind (in Form eines Dialoges, wie ich in später schildern werde) konnte sie die Position der Hellen Erwachsenen einnehmen und dem Kind vermitteln, dass es „ein eigener Mensch" sei und „nicht für die Mutter verantwortlich". Die Botschaft kam an. Mit den Worten „Ich bin ich" begann die Frau, sich zu freuen und zu tanzen.

Hat sich der Mensch in seiner Gedankenwelt eingerichtet, wird alles außerhalb davon „unvorstellbar". Seine Fantasie und Vorstellungskraft wird begrenzt.

Dem Zurückhaltenden erscheint es unvorstellbar, auch einmal gewinnen zu können. Deshalb hält er sich weiterhin zurück. Dem Starken macht es einfach keinen Sinn, sich zu schonen. Deshalb will er unbedingt stark bleiben. Dem Schwachen erscheint es völlig sinnlos durchzuhalten. Deshalb gibt er immer gleich auf.

Verbotene Gedanken schaffen blinde Bereiche. Das liegt außerhalb der Vorstellung, das macht keinen Sinn. Das ist ganz einfach Unsinn! Für andere Menschen mag das möglich sein ... aber für mich? Für mich nicht! Was unvorstellbar ist, wird nicht getan. Zwanghaft wird an altem Verhalten festgehalten.

Verbotene Handlungen und auferlegte Zwänge

Jedes Verbot, ob emotionaler oder rationaler Natur, hat einen Zwang zur Folge. Wenn es verboten ist, schwach zu sein, dann ... muss man sich zusammenreißen. Wenn es verboten ist, die eigene Meinung zu äußern, dann ... muss man sich zurückhalten. Wenn es verboten ist, sich abzugrenzen und damit jemandem weh zu tun, dann ... muss man sich viel gefallen lassen.

Verbot und Zwang hängen untrennbar zusammen. Das Verbot verschließt bestimmte Türen und nimmt die Wahlmöglichkeit, sodass nichts anderes übrig bleibt, als durch die noch vorhandene offene Tür zu gehen. Auf das „Ich darf nicht ..." folgt die Konsequenz „Ich muss ...".

Zwänge sind Einbahnstraßen. Der Erwachsene fährt nur aus einem Grund in diese Richtung: weil er es immer so machte, weil es die Eltern so machten und weil es angeblich alle so machen. Zwängen folgt der Mensch stets unreflektiert.

Ein kleines Beispiel. Ich bin im Laufe meiner Partnerberatung vielen Frauen begegnet, die sich über die Faulheit ihrer Männer beklagten.

„Ich bin auch berufstätig, da könnte er ruhig etwas mehr im Haushalt tun!"

„Warum machst du es dann?"

„Einer muss es ja tun!"

„Und dieser Eine bist du!"

„Er tut es ja nicht ..."

Ganz offensichtlich handeln diese Frauen völlig unvernünftig und unreflektiert. Dahinter stehen Zwänge und Ängste. „Wenn ich es nicht tue, bleibt es liegen, und dann sieht es bei uns unmöglich aus. Was soll der Besuch bloß von uns denken?"

Es ist allemal einfacher, am Partner herumzunörgeln, als sich mit den eigenen Zwängen und Ängsten auseinanderzusetzen. Vernünftig wäre, den Mann auflaufen zu lassen. Aber was wird dann aus der Beziehung? Kann ich das riskieren?

Menschen handeln weit öfter aufgrund von Zwängen als

ihnen bewusst ist. Erst an den Folgen merken sie, dass etwas nicht stimmt. Wenn die Erschöpfung zu groß wird, wenn das Schneckenhaus zu eng wird, wenn das eingeschränkte Verhalten zu hinderlich wird. Wenn also Probleme auftauchen.

Die Suche nach Erlaubnis

Die Ehe einer Frau ist nach langem Kampf am Ende und versucht, mit ihrer Lage klar zu kommen. Der Mann hat sich getrennt. Nun geht es ihr schlecht. Ihr gegenwärtig größtes Problem besteht allerdings nicht darin, traurig zu sein, sondern im Gegenteil in dem Versuch, nicht traurig zu sein. Sie verbietet sich diese Gefühle. Sie verbietet sich den Schmerz.

Ein Mann ist wütend auf seine Frau. Er versucht sich zu beherrschen und hält sich zurück. Sein Problem besteht aber nicht darin, wütend zu sein, sondern in dem Versuch nett zu bleiben. Er glaubt, nicht offen seine Meinung sagen zu können. Er verbietet sich dies, angeblich, um sie nicht zu verletzen.

Mit sich selbst auf die gleiche Weise umzugehen, wie die Eltern es mit einem taten, lässt das Innere Kind zum Dunklen Kind werden. Der Mensch zwingt sich zu einem bestimmten Verhalten und verbietet sich ein anderes; und das nicht nur in einer ganz konkreten Situation, sondern generell.

Damit frustriert er seine Gefühle. Er spaltet sich von sich selbst ab. Als Folge fühlt er sich schlecht, wird unzufrieden oder unglücklich. Er bekommt Probleme mit sich selbst.

Der Harte möchte gern einmal 'loslassen'. Der Schwache möchte gern einmal 'Kraft spüren'. Da es dem Inneren Kind aber nicht erlaubt wird, dies auf offene und direkte Weise zu tun, reagiert es ganz wie ein Kind – es wird zum Dunklen Kind. Es widersetzt sich, es verschließt sich, es zieht sich zurück, es mauert sich ein, es bockt, es spielt nicht mit.

Das Ergebnis dieser schlechten Beziehung zu sich selbst ist ein Problem mit sich selbst: Gefühl und Verstand liegen im Streit miteinander. Der Mensch verbietet sich etwas, das für ihn sehr wichtig ist. Will er mit sich selbst einig werden, muss er zuerst die beiden Seiten dieses inneren Kampfes erforschen.

Welche Seite steht unter Zwang? Welche Seite sucht Erlaubnis? Geht es darum, ein Gefühl anzunehmen? Oder etwas bisher Unverschämtes zu denken? Oder etwas zu tun, das man sich bisher nicht getraut hat? Was verbiete ich mir, wonach sehne ich mich?

Die Probleme des Menschen mit sich selbst, die sich im Umgang von Innerem Erwachsenen und Innerem Kind spiegeln, stellen beide Seiten eines Konfliktes dar: das Verbot und die Suche nach Erlaubnis. Die Erlaubnis mag sich dabei seltsam verkleiden.

Der schuftende Mann aus dem o. a. Beispiel erlaubt sich nicht, faul zu sein und zu genießen. Was er aber nicht in den Griff bekommt, ist übermäßiges Essen und maßloses Rauchen. Hier stopft sich ein Inneres Kind voll, weil es hungrig ist, weil es meint: „Besser das als gar nichts. Wenn ich schon ständig schuften muss, dann will ich wenigstens das bisschen Spaß haben!" – „Aber Übergewicht ist gefährlich und Rauchen zerstört die Gesundheit!" – „Ist mir doch egal!" Man könnte voraussagen, dass dieser Mann übermäßiges Essen und Rauchen erst dann aufgeben kann, wenn er andere Wege zu Genuss und Entspannung findet.[3]

Gegen die eigenen Gefühle, gegen das Innere Kind, kommt der Mensch nicht an. Er kann es höchstens dunkel machen. So legt er die Grundlage für Probleme mit sich selbst.

Ein weiteres Beispiel.

Eine Frau schreibt folgenden Brief: „Mein Freund ist immer für mich da, macht mir Geschenke, ist aufmerksam und liebevoll. Und doch, sobald ich meine, keine Kontrolle mehr zu haben, gerate ich in große Unruhe und bekomme Bauchweh. Ist da eine andere Frau? Will er mich nicht mehr? Dass ich ihm misstraue, macht mich traurig. Ich kenne die Wurzel meines Übels. Aber ich will nicht auf Vergangenem herumreiten. Die Kindheit ist vorbei und man muss im Heute leben. Warum kann ich es nicht einfach annehmen und genießen? Ich muss einen Ausweg finden, sonst verliere ich ihn noch. Ich hasse meine Eifersucht."

Mühelos lassen sich in diesem Brief Innerer Erwachsener und Inneres Kind unterscheiden. Der dunkle (weil verständnislose) Verstand will im Heute leben und redet auf das Gefühl ein. Das Gefühl bleibt unverändert dunkel, weil es nicht respektiert wird. „Ich hasse meine Eifersucht" bedeutet so viel wie „Ich hasse meine Gefühle" oder „Ich hasse mein Inneres Kind". Das ist tatsächlich ein Problem.

Sind die Probleme mit sich selbst groß genug, wächst allmählich die Erkenntnis: „Ich muss etwas tun – einen anderen Umgang mit mir selbst finden!" Insofern kann man jede Sackgasse und Krise als Chance begreifen. Denn mit der Krise beginnt die Suche nach Erlaubnis.[4]

Befähigung

Ziel des Umgangs mit dem Inneren Kind ist die Erweiterung individueller Möglichkeiten. Es geht darum:
– Zu denken, was damals undenkbar war,
– zu fühlen, was damals besser war, nicht zu fühlen,
– zu tun, was damals gut war, zu unterlassen.

Innere Verbote und Zwänge schränken die Möglichkeiten und Lebensqualität des Menschen ein. Er braucht Erlaubnis, um seine individuellen Möglichkeiten und seine Lebenslust in ihrer ganzen Breite zu entfalten.

Allerdings wird niemand anderer ihm diese Erlaubnis geben können. Er muss sich selbst erlauben, was er sich bisher verbietet. Er muss grundlegende Annahmen aufgeben, die er bisher für richtig hielt. Er muss verlernen, was er in langen Jahren mühsam erlernt hat.

Kurzum, der Mensch wird eine neue Orientierung im Leben aufbauen müssen. Erlaubnis bedeutet, Gedanken zuzulassen, Gefühle zu erlauben und anderes Verhalten zu wagen. Oder in der Sprache der Psychologen, die Identifikation mit bestimmten Gedanken, Gefühlen und Verhalten aufzugeben und andere Identifikationen zu bilden. Dieser Wechsel ist nicht leicht zu vollziehen.

– „Ja, ich kann den Gedanken wagen 'Ich bin wichtig', aber welche Konsequenzen wird dies für mein Leben mit sich bringen? Was werde ich dann tun und was mir nicht mehr gefallen lassen? Soll ich das wirklich so ernst nehmen?"

– „Ja, ich könnte meine Gefühle zulassen, aber werde ich mit der Flut von befürchteten Empfindungen, mit den Tränen, der Wut oder Sehnsucht auch klarkommen?"

– „Ja, ich sollte mich mehr um meine Bedürfnisse kümmern, mir etwas Gutes tun. Aber wie werden die Menschen meiner Umgebung oder mein Partner darauf reagieren?"

Es ist nur natürlich, dass beim Versuch, sich Gedanken, Gefühle oder Verhalten zu erlauben, Hemmungen, Unsicherheiten und Ängste auftauchen. Aber der Umgang mit dem Inneren Kind bietet Möglichkeiten, diese Schwellen zu überschreiten. Und dann macht der Mensch die unmittelbare Erfahrung, dass ihm diese neuen Gedanken, diese neuen Gefühle, dieses neue Verhalten gut tun. Mit anderen Worten geht es um eine Entdeckung:

Es ist gut zu tun, was damals gut war nicht zu tun.

Es ist nicht so schlimm, zu weinen. Es erleichtert und man fühlt sich befreit. Die Wut war gar nicht mörderisch. Sie hat mir meinen Standpunkt klargemacht und geholfen, mich abzugrenzen. Die Sehnsucht frisst mich gar nicht auf. Sie zeigt, was mir fehlt und worum ich mich kümmern sollte.

Gedanken zulassen

Ein beruflich erfolgreicher Mann leidet unter Lustlosigkeit. Ich begleite ihn in den Kontakt zum Inneren Kind. Dieses beschwert sich darüber, immer nur „vernünftig" und „fleißig" sein zu müssen. Der Innere Erwachsene muss sich einige unerwartete Aussagen des Inneren Kindes anhören wie *„Du denkst nur ans Geld, du willst immer nur machen, machen. Zum Spaß haben bist du viel zu blöde. Du bist ein Glotzkopf"*.

Der Mann ist erstaunt darüber, was seine Gefühle vom Verstand halten. Er versucht noch, das Innere Kind zu überzeugen: *„Schau doch mal, was wir uns alles leisten können ..."*, aber das Kind kontert: *„Spaß kannst du dir nicht kaufen"*.

In der Mitte dieses recht heftigen Dialoges, in dem sich Gefühle Luft machen, ist der Mann verblüfft darüber, *„wie stark das Kind ist"*. Er wendet sich ihm zu und fragt, was ihm denn Spaß bereite.

„In der Sonne liegen, Eis essen, die Beine baumeln lassen ...". *„Alles kleine Dinge"*, staunt der Mann. *„Vielleicht"*, bemerkt er gegen Ende des Dialoges, *„sind die kleinen Dinge doch wichtiger, als ich dachte."*

„Die kleinen Dinge sind wichtig, sie bringen den Spaß" – das sind in der Tat neue Gedanken, die sich dieser Mann bisher verbot. Wer ständig „Großes" im Sinne hat, braucht Mut, solche Gedanken zuzulassen.

Man kann sicher sein, dass es für diesen Mann gut war, in seiner Kindheit keine großen Gedanken an Spaß und Vergnügen zu verschwenden. *„Bei uns kam erst die Arbeit und dann das Vergnügen. Aber für Vergnügen war dann keine Zeit mehr, weil immer genug Arbeit da war. Hätte ich mich verweigert, mein Vater hätte mich erschlagen"*, sagt er mit Bestimmtheit.

Für diesen Mann sind Gedanken wie „Es ist o. k. ... zu genießen, zu entspannen, sich mal gehen zu lassen" und vor allem „kleine Dinge sind wichtig" neu und bedürfen einer inneren Erlaubnis. Diese wurde ihm durch das Innere Kind, also durch den Kontakt mit der emotionalen Seite seiner Persönlichkeit, schließlich erteilt.

Auf diese Weise kann man Gefühle nutzen, um Gedanken zu erweitern. Das Innere Kind erweist sich als Ressource individueller Fähigkeiten.

Gefühle erlauben

Die Frau aus einem der obigen Beispiele „hasst" ihre Eifersucht. Sie versucht deshalb, die mit der Eifersucht verbundenen Gefühle der Angst und Unsicherheit loszuwerden.

Denn dieses ängstliche Innere Kind ist gerade dabei, die Beziehung zu ihrem Freund zu zerstören.

Ja, so ist es. Doch welchen Nutzen hat der Hass? Löst er die Angst auf? Nein, er verbreitert lediglich die Kluft zwischen Gefühl und Verstand.

Im Kontakt mit dem Inneren Kind konfrontiere ich die Frau mit der Vorstellung, eine etwa vierjährige Tochter zu haben. Weiter soll sie sich vorstellen, dieses Kind hätte Angst, dass der Vater nicht zurückkommt. Wie würde sich eine gute Mutter (also ein helle Erwachsene) zu diesem Kind verhalten? Würde sie sagen: „Ich hasse deine Angst!" und das Kind anherrschen: „Jetzt hör endlich mit dieser Unsicherheit auf". Würde sie ihm die Schuld geben mit den Worten: „Du machst die Beziehung zu deinem Vater kaputt?"

Nein, als helle Erwachsene würde sie sich völlig anders verhalten. Sie würde dem Kind das Gefühl geben, verstanden zu sein. „Du hast Angst, ja, das kann ich verstehen." Sie würde im Kontakt zu ihm mehr über seine Angst erfahren und über seine Sehnsüchte, sie würde das Kind trösten, ihm Hoffnung machen und ihm Wege zeigen, mit seinen Gefühlen umzugehen.

So zugewandt, geduldig und liebevoll wie diese ideale Mutter müsste sich die Frau zu ihren eigenen Gefühlen verhalten, auch zu ihrer Eifersucht. Sie müsste Geduld und Verständnis für ihre Ängste aufbringen, anstatt sie abzulehnen. Warum fällt ihr das schwer? Weil sie die Gefühle der Eifersucht nicht aushalten kann. Weil sie Angst vor ihrer Angst hat. Weil die Panik des Inneren Kindes die gleiche ist wie die des damaligen Kindes. Weil es sich so anfühlt, als ob diese Angst alles andere verdrängt.

In der Terminologie der Arbeit mit dem Inneren Kind verhält sich ihr Verstand zu ihren Gefühlen als Dunkle Erwachsene (ich hasse meine Gefühle) und macht das Gefühl dadurch zum Dunklen Kind (ich bin verkehrt, ich sollte etwas anderes fühlen). Für diese Frau geht es nicht darum, Angst und Unsicherheit loszuwerden, sondern sie anzunehmen, auszuhalten und zu erforschen. Dann wandelt sich das Dunkle Kind in ein Helles Kind, eines, das sich 'auch damit' angenommen fühlt.

Verhalten wagen

Eine Frau lässt sich von ihrem cholerischen Mann regelmäßig „fertigmachen". Ihr Verstand schreibt ihr vor, Verständnis für seine Ausbrüche zu haben und diese Gewitter über sich ergehen zu lassen. Viele Jahre haben sich die Gefühle vom Verstand zurückhalten lassen. Doch in einer Sitzung ist das Innere Kind außer sich vor Empörung.

Es macht sich Luft, tobt und wütet. Dann brechen die zentralen Sätze aus ihm heraus. „Niemand hat das Recht, mich so zu behandeln. Auch du nicht. Hörst du! NIEMAND!" Damit tauchen Erinnerungen an den Vater auf, von dem sie in gleicher, unterdrückender Weise behandelt wurde.

Die Frau ist beeindruckt von der Kraft des Kindes und damit von der Kraft der Gefühle, die in ihr stecken. Sie konfrontiert ihren Mann mit dieser Kraft und macht ihm die Konsequenzen klar, zu denen sie sich entschlossen hat. „Nie wieder werde ich so etwas über mich ergehen lassen. Lieber gehe ich!"

„Meine Achtung für mich selbst ist wichtiger als die Beziehung zu einem Mann." Diese Erkenntnis, die im Dialog mit dem Inneren Kind entstand, macht es der Frau möglich, sich auf diese neue, abgegrenzte Weise zu verhalten.

Erweiterung individueller Fähigkeiten

Die obigen Beispiele zeigen, wie im Kontakt zwischen Innerem Erwachsenen und Innerem Kind eine deutlichere Selbstwahrnehmung geschieht. Dadurch wird der Umgang der Kräfte Gefühl und Verstand miteinander erkannt und wo nötig verbessert. Diese fundamentalen Kräfte beginnen, ihren Kampf einzustellen, zusammenzuarbeiten und sich zu ergänzen. Der Mensch erweitert seine individuellen Möglichkeiten.

Darum geht es bei der Arbeit mit dem Inneren Kind: Um die Entwicklung derjenigen Fähigkeiten, die damals sinnvollerweise nicht entwickelt wurden.

Es geht um die Aufhebung einer damals entstandenen Einseitigkeit. Diese Einseitigkeit hat ohne Zweifel auch positive Seiten. Beispielsweise kann sich ein schüchterner Mensch gut zurückhalten. Damit verfügt er über eine Fähigkeit, die durchaus schätzenswert ist. Denn Menschen, die sich nicht zurückhalten können, produzieren ständig Probleme und leben im Streit.

Es ist also nicht die damals entwickelte Fähigkeit, die sich störend auswirkt, sondern die Einseitigkeit, in der sie vorkommt. Diese Einseitigkeit kann durch die Entwicklung einer weiteren Fähigkeit aufgehoben werden, beispielsweise durch die Fähigkeit, ungehemmt zu sein und aus sich herauszukommen.

So kann jeder Mensch aufgrund seiner Entwicklung etwas besonders gut und muss etwas anderes lernen. Wer sich beispielsweise selbst sehr kritisch sehen kann, lernt, sich so anzunehmen, wie er ist. Wer sehr gut nachgeben kann, lernt, sich besser zu behaupten. Wer gut schuften kann, lernt, auch einmal faul zu sein.

Ein effektiver Weg zu lernen, das zu tun, was damals gut war, nicht zu tun, ist der Dialog mit dem Inneren Kind, der IK–Dialog. Wenden wir uns diesem zentralen Instrument der 'Arbeit mit sich selbst' zu.

Der Dialog
mit dem Inneren Kind

Im Dialog mit dem Inneren Kind werden die Kräfte Gefühl und Verstand im Bewusstsein miteinander in Kontakt gebracht.

Oftmals befindet sich der Mensch, wie beschrieben, in einem Konflikt mit sich selbst. Gefühl und Verstand sind meist die Pole dieses Konfliktes. Im Kontakt mit dem Inneren Kind wird diese Zerrissenheit beziehungsweise die damit verbundene Einseitigkeit des Menschen offenbar. Denn die angestrebten Fähigkeiten tauchen darin entweder als Wunsch oder Sehnsucht des Inneren Kindes auf oder als positiver Gedanke des liebevollen Inneren Erwachsenen.

Der Konflikt mit sich selbst enthält Hinweise zum Umgang mit ihm, aus dem einfachen Grund, weil der Konflikt beide Seiten enthält. Das Verbot und die gesuchte Erlaubnis.

Mit anderen Worten: Jeder Mensch weiß genau, was er zu seiner individuellen Vervollständigung braucht.[5]

Er kann es in seinen Gedanken, Gefühlen, Träumen und Konflikten finden. Voraussetzung dafür ist die Fokussierung auf eben jene emotionalen und rationalen Kräfte.

Wenn der Mensch:

- sich seiner inneren Welt zuwendet,
- seine Gefühle und Gedanken in Ruhe und Bewusstheit wahrnimmt,
- diesen Kräften die Gestalt des Inneren Kindes bzw. des Inneren Erwachsenen gibt,

– und diese Figuren in eine Begegnung miteinander führt,

– in der sich beide Seiten vorbehaltlos ausdrücken können,

werden bisher verborgene Informationen deutlich und brachliegende Kraftquellen zugänglich.

Dies alles geschieht im Dialog mit dem Inneren Kind. Allerdings sollte dieser IK–Dialog weder mit einem Gespräch noch mit einer Fantasiereise verwechselt werden.

Der IK–Dialog stellt eine kunstvolle Begegnung der Kräfte Verstand und Gefühl im Rahmen von Bewusstheit dar. Er ist ein im wahrsten Sinne des Wortes gelebter und erlebter Dialog, in dem Gefühle, Gesten, Haltungen, Worte, Gedanken und Überzeugungen ausgedrückt werden.

Indem der Dialog führende jeder Seite erlaubt, sich ganz und gar auszudrücken, können sich das Innere Kind und auch der Innere Erwachsener ausleben. Das Innere Kind fühlt nicht nur, es agiert entsprechend seiner Gefühle. Der Erwachsene denkt nicht nur, er offenbart auch die Hintergründe seines Denkens und Handelns. Dabei lernt der Dialog führende beide Seiten, die rationale und die emotionale, gründlicher kennen.

Im IK–Dialog werden Verstand und Gefühl auf ähnliche Weise konfrontiert, in der sich damals der Erwachsener und das Kind gegenüberstanden. Diesmal allerdings sind die Rechte auf beiden Seiten gleich verteilt.

Zusätzlich besteht die Aufgabe heute darin, zu einem Dialog der hellen Kräfte zu gelangen, also die Kräfte Gefühl und Verstand in eine liebevolle Beziehung zueinander zu bringen, die dem Menschen nutzt und gut tut.

Diese Aufgabe zu erfüllen wird möglich, wenn der Dialog in einem Klima der Bewusstheit stattfindet.

Bewusstheit als als dritte Kraft und als Schlüssel

Der Umstand, dass die Bewusstheit *damals* kaum ausgebildet war, das ein Wissen um gegenteilige Wahrheiten sowie die Erfahrung anderer Welten fehlte, ist eine Erklärung dafür, dass die Wahrnehmung des Inneren Kindes so mächtig erscheint und es keine Alternativen zu den Ansichten des Inneren Erwachsenen zu geben scheint.

Der erwachsene Mensch hat aber etwas, worüber das Kind damals nicht ausreichend verfügte – die Kraft der Bewusstheit.

Wenn es heute gelänge, Bewusstheit zu einem vom Inneren Kind und Innerem Erwachsenen geprägten Erleben hinzuzufügen, würden sich Deutungen beinah automatisch verändern, Wahrheiten relativieren und in der Folge unsinnige innere Anweisungen erübrigen. Dann würden sich tatsächlich neue Lebensperspektiven eröffnen.

In der Zusammenführung von Innerem Kind mit dem Inneren Erwachsenen mit der Kraft der Bewusstheit liegt demnach der wesentliche Schlüssel für die Veränderung der Vergangenheit.

Aber wie geschieht dieses Hinzufügen von Bewusstheit? Es kann sich ja nicht nur um Verstandesbewusstheit handeln, sondern auch um Bewusstheit über Gefühlszustände und zusätzlich um eine Bewusstheit, die beide Figuren umfasst. Wie geschieht eine bewusste Zusammenführung von Gefühl und Verstand? Indem der erwachsene Mensch etwas Vergangenes auf tiefer Ebene erneut und diesmal bewusst durchlebt!

Bewusstheit ist heute meist vorhanden. Wenn dann noch der Mut da ist, durch das Erleben des Inneren Kindes und des Inneren Erwachsenen zu gehen, die damit verbundenen Gefühle auszuhalten, dem Schmerz, der Wut oder der Angst des dunklen Kindes zu begegnen und die Gedanken des Inneren Erwachsenen zu entdecken, dann sind alle Voraussetzungen für eine erfolgreiche Umdeutung der Vergangenheit gegeben.

Ein Beispiel dazu.

Eine Frau hat ihren Freund verlassen. Obwohl sie selbst diese Entscheidung getroffen hat, fällt sie anschließend in ein Loch und fühlt sich „innerlich leer und wie ausgestorben". Der folgende Dialog schildert den bewussten Kontakt mit den inneren Vorgängen in verkürzter Form.

„Wie alt fühlst du dich?"

„Ich fühle mich, als ob ich drei Jahre alt bin, als mein Vater gerade gestorben ist."

Mit dieser Antwort ist eine Brücke zu den Kindheitserlebnissen gebaut und alte Erinnerungen tauchen auf.

„Aber er war nun mal weg, was sollte es also, ich musste damit klarkommen", betont sie in einem Versuch weiterer Tapferkeit (hier spricht die Innere Erwachsene).

„Das ist aber ganz schön schwer für ein dreijähriges Mädchen."

„Das war auch ganz schön schwer ... ich war ja noch so klein ..."

Nun bricht der Damm und die Frau (das Innere Kind) weint um ihren Vater. Sie erzählt ihm, wie sehr sie ihn vermisste. Dann stockt sie.

„Ich bin wütend auf ihn, aber ich kann nicht wütend sein, er kann doch nichts dafür, dass er gestorben ist!" (Hier meldet sich wieder die Innere Erwachsene).

„Ich könnte gut verstehen, wenn so ein Mädchen wütend auf den Vater wäre. Er hätte verdammt noch mal bei ihm bleiben sollen!"

Jetzt erlaubt sie sich auch Wut und Verzweiflung. Und gesteht dem Vater, wie sehr sie seine Liebe brauchte. Sie wirft der Mutter vor, sie mit ihrem Schmerz alleingelassen zu haben. Die Mutter sprach damals nicht über den Tod des Vaters, weil sie selbst zu sehr mit diesem schweren Schlag zu kämpfen hatte.

Die Frau erlebt in diesem Kontakt mit dem Inneren Kind und der Inneren Erwachsenen sämtliche Gefühle und Gedanken von damals – allerdings nicht auf identische Weise, sondern mit dem Abstand von fünfunddreißig Jahren und auf Grundlage der ihr heute zur Verfügung stehenden Bewusstheit.

Nachdem die Tränen geweint sind und das Dunkle Kind (endlich!) trauern und sich beklagen durfte, frage ich nach der Wahrheit, die damals entstand. Was war die Konsequenz des Kindes?

„Vertrau nicht auf die Liebe eines Mannes, er wird dich doch verlassen."

Das steckt dahinter. Die Frau machte Schluss mit ihrem Freund, bevor dieser Gelegenheit haben konnte, sie zu verlassen. Sie verließ ihn nicht, weil sie ihn nicht liebte, sondern weil sie ihn liebte. Die Chance, das rätselhafte Verhalten gegenüber ihrem Freund zu begreifen, erhielt sie durch die Begegnung mit dem Inneren Kind, in diesem Fall einem dreijährigen Mädchen.

Jetzt ist eine Bewusstheit entstanden, die diesen Namen verdient – eine tief gehende, die Zusammenhänge erhellende Gefühlsbewusstheit, die umfassendes Verstehen und Begreifen ermöglicht.

Bewusstheit, die frühe und prägende Einflüsse relativieren soll, kann nicht allein durch Erkenntnis entstehen. Sie braucht das Eintauchen in emotionale und körperliche Zustände, damit sich Körperbewusstheit, Gefühlsbewusstheit

und Verstandesbewusstheit zu einer umfassenden Gesamt-
bewusstheit zusammenfügen.

Der Zeuge

So ist es die Kraft der Bewusstheit, welche den Kontakt
zwischen dem Inneren Kind und dem Inneren Erwachsenen
ermöglicht. Bewusstheit ist der Zeuge, der wahrnehmen
kann, wie sich Gefühls- und Verstandeskräfte eines Menschen zueinander verhalten. Bewusstheit ist in der Lage, die
Qualität des Umgangs mit sich selbst zu reflektieren.

Wie gehen Verstand und Gefühle miteinander um? Sind
sie einander zugewandt und verbunden oder voneinander getrennt? Tauchen sie als helle oder dunkle Gefühls- und Verstandeskräfte auf? Verhalten sie sich wie liebende Eltern
und ein sich geliebt fühlendes Kind?

In den Figuren Inneres Kind und Innerer Erwachsener bildet sich auf eindrucksvolle Weise dieser Kontakt des Menschen zu sich selbst ab, wie sich am vorher geschilderten
Beispiel der jungen Frau, die ihren Freund verließ, erläutern
lässt.

Die Frau erinnert sich an den Tod des Vaters. Ihre Gefühle
kommentiert sie verstandesmäßig mit den Worten: „Aber er
war nun mal weg, was sollte es also, ich musste damit klarkommen." Das heißt so viel wie „Stell dich nicht so an, da
kann man nichts ändern, reiß dich zusammen!"

Deutlich zeigt sich hier eine Dunkle Erwachsene, die mit
den Gefühlen des Inneren Kindes nichts zu tun haben will –
weil diese so schmerzlich sind. Der Verstand distanziert sich
vom Gefühl. Aber das Gefühl gibt deshalb keine Ruhe. Es
zeigt in den Empfindungen der Leere („in ein Loch gefallen") eine deutliche Schockreaktion. Das Innere Kind wird
zum dunklen, verschlossenen Kind.

Tatsächlich reagiert die Frau heute auf die gleiche Weise,

in der sie als Kind reagierte. Auch damals wurde sie emotional mit ihrem Schock alleingelassen, weil die Mutter mit dem Schmerz der Tochter nicht umgehen konnte. Die damalige Beziehung zwischen Kind und Erwachsenem bildet sich in der Beziehung zwischen Gefühl und Verstand ab.

Niemand würde es über das Herz bringen, einem Kind, dessen zweiter Elternteil gerade gestorben ist, so harte Sätze wie: „Du musst damit klarkommen" an den Kopf zu werfen. Die Frau wirft sich selbst aber, also ihrem Inneren Kind, solche Sätze vor. Erst durch die Intervention des Begleiters: „Das ist aber ganz schön schwer für ein dreijähriges Mädchen" erfährt das Innere Kind die Unterstützung, die es damals gebraucht hätte. Die Frau gibt nach und gestattet dem Inneren Kind, seine Gefühle auszudrücken. Für dieses traurige und verzweifelte Kind entdeckt sie ihr Herz.

Dadurch ist sie zur Hellen Erwachsenen geworden – eine Frau, die Verständnis für ihre eigenen Gefühle hat und sich ihnen zuwendet statt sie abzuwürgen. Eine Frau, die ihre Gefühle akzeptiert. Eine Frau, die eine innere Spaltung überwunden hat und die in Harmonie mit sich gerät.

Darin besteht das eigentliche Ziel der Arbeit mit dem Inneren Kind: Gefühle und Verstand des Menschen dort, wo sie getrennt oder auseinander geraten sind, in Liebe und Achtung zusammenzubringen und miteinander zu verbinden. Mit anderen Worten, eine gute Beziehung zu sich selbst aufzubauen und in der Folge davon zu den Menschen und der Welt.

Ohne die Kraft der Bewusstheit wäre dies kaum möglich. Denn würden das Innere Kind und der Innere Erwachsene den Dialog unbeobachtet führen, käme kaum mehr dabei heraus als damals auch: Streit und Distanz. Dann würde Vergangenes einfach wiederholt.

Manchmal übernimmt der Therapeut die Seite der Bewusstheit. Das ist aber oft gar nicht nötig, denn ein entsprechend motivierter Mensch kann lernen, selbst einen IK–Dialog, einen Drei–Seiten–Dialog, zu führen, wie ich ihn später noch ausführlicher beschreibe.

In das Problem hinein und wieder heraus

Der IK–Dialog wirkt unter anderem deshalb, weil er einen ständigen Wechsel zwischen Assoziation mit und Dissoziation vom Problem herbeiführt.

Begibt man sich beispielsweise in einer krisenhaften Entwicklung auf die Seite des Inneren Kindes und erlaubt diesem Teil, Gefühle auszudrücken, so geschieht dies von einer Position der Bewusstheit aus. Denn man hat sich dazu entschieden. Man wird bewusst zum Inneren Kind, was einer Assoziation mit der emotionalen Seite des Problemzustandes entspricht.

Im nächsten Schritt auf die Seite des Inneren Erwachsenen zu wechseln stellt die Assoziation mit der rationalen Seite des Problems her und erfordert die Dissoziation von Gefühlsanteilen. Im nächsten Schritt in die neutrale Position der Bewusstheit zu wechseln erfordert wiederum die Dissoziation von gedanklichen Mustern und eine neutrale Haltung Gefühlen und Verstand gegenüber.

Im Laufe eines idealen Drei-Seiten-Dialoges geht der Dialog führende in Gefühle hinein und wieder aus ihnen heraus, identifiziert sich mit bisher unbewussten Gedanken und lässt diese wieder los, nimmt Abstand und führt den Dialog so lange, bis ein momentaner Ausgleich der Kräfte herbeigeführt ist.

Die Aufgabe der Bewusstheit dabei ist es, die Entwicklung des Dialoges wahrzunehmen und für die Begegnung der hellen Kräfte zu sorgen, also dafür, dass der Erwachsener und das Kind sich schließlich mit Achtung und Liebe begegnen.

Hier als Beispiel der Ablauf eines Dialoges in stark verkürzter Form:

Problembeschreibung:	„Mein Mann ist rücksichtslos!" (Ich weiß, ich bin zu emotional, aber mein Mann ...)
Anfängliche Problembewusstheit:	ER kommt spät nach Hause. ER macht immer nur was er will. ER ... (ER scheint das Problem zu sein).
Das Innere Kind:	Zuerst hilflos, dann mordswütend. Die Frau erlaubt diesem Gefühl, sich auszudrücken. Sie schimpft, tobt und wirft mit Kissen um sich. Am Ende des Ausbruchs steht der Satz: „Ich habe die Schnauze voll". Hier dreht sich die Kraft von einer Wut auf den Mann zu einer Kraft für sich selbst.
Erweiterte Bewusstheit:	Jetzt ist der Frau bewusster, dass sie selbst das Problem darstellt. „Mir war gar nicht klar, wie viel gute Mine zu bösem Spiel ich gemacht habe und wie sehr ich die Nase voll habe." Diese Erkenntnis hätte die Frau vor dem Wutausbruch nicht haben können, denn im Wutausbruch hat sich Gefühlsbewusstheit gebildet. Vorher wusste sie nur, „dass" sie wütend ist, konnte aber nicht spüren, „wie sehr". Nachdem sie die Kraft körperlich spürte, kann sie diese Kraft „für sich" anstatt „gegen ihn" nutzen.
Der Innere Erwachsene:	Statt wie bisher zu denken: „Du bist zu emotional" sagt der Verstand jetzt zum Inneren Kind „Ich verstehe deine Gefühle!"
Bewusstheit:	Der Frau wird klar, dass sie ihre Gefühle auch dann nicht ignorieren will, wenn sie tatsächlich sehr „emotional" sind. Sie entscheidet sich für ihre Gefühle.
Ergebnis:	Der gelebte Dialog führt zu einer größeren

Übereinstimmung mit sich selbst. Sie entschließt sich, nicht mehr auf ihren Mann zu warten, sondern sich mehr um sich zu kümmern, so, als ob ER gar nicht so wichtig wäre.

Dieses Ergebnis entstand durch Erforschen und Ausleben der Figuren Inneres Kind und Innerer Erwachsener.

Ein weiteres Beispiel für einen Inneren-Kind-Dialog.

Ein Mann litt unter dem willkürlichen Verhalten seiner Freunde, von denen er sich schlecht behandelt fühlte. Er hatte sich jahrelang viel gefallen lassen, jetzt aber einen Schlussstrich gezogen und Abstand von seinen Freunden genommen. Trotzdem quält ihn ein schlechtes Gewissen.

Er sagt: *„Ich weiß, dass ich nichts falsch gemacht habe, aber ich fühle mich so."*

„Dann muss es sich um ein sehr altes Gefühl handeln", vermutet der therapeutische Begleiter.

In der Tat tauchen im Laufe der Sitzung Erinnerungen an ein tragisches Ereignis auf. Im Alter von sechs Jahren hatte er auf seinen dreijährigen Bruder aufpassen. Als er im Spiel mit Freunden abgelenkt war, fiel sein Bruder kopfüber in einen mit Wasser gefüllten Gully und ertrank. Diesen grausamen Vorfall und den Verlust des zweiten Kindes konnten die Eltern dem Jungen nie wirklich verzeihen. Und daher konnte auch das Kind es nicht.

Als erwachsener Mensch fühlte der Mann ständig ein latentes Schuldgefühl, wie es sich im Kontakt zu seinen Freunden zeigte. Sein Inneres Kind fühlt sich für den damaligen Vorfall schuldig; und sein Verstand denkt ähnlich wie die Eltern es taten. Im IK–Dialog soll er sich vorstellen, einen kleinen Sohn von sechs Jahren zu haben, dem so etwas passiert ist. Dann soll er diesem Sohn sagen, was er von ihm denkt.

„Du hast nicht aufgepasst, du hast alles falsch gemacht. Du bist am Tod von Helmut schuld. Du wirst diese Schuld niemals begleichen können." (Hier spricht der Dunkle Erwachsene).

Jetzt soll er die Seite wechseln und die Position des Gefühls, also des Inneren Kindes, einnehmen. Kaum tut er das, brechen alle Verzweiflung und aller Schmerz des sechsjährigen Kindes aus dem erwachsenen Mann heraus.

„Ich konnte es nicht, ich war erst sechs Jahre alt. Ich habe Helmut doch selbst geliebt." (Hier spricht das Dunkle Kind).

„Aber du hättest ..."

Der Dunkle Erwachsene bleibt bei seiner ablehnenden Haltung, weshalb es Zeit ist, auf die Seite der Bewusstheit zu wechseln und von dort aus den Kontakt zwischen „Vater und Sohn" zu beschreiben.

„Dieser Vater verlangt zu viel von einem sechsjährigen Kind" ist der nüchterne Kommentar aus dieser neutralen Position. Dazu kommt, dass der Vater *„ziemlich herzlos!"* erscheint.

Nun fühlt sich das Innere Kind bestärkt und traut sich, unter Tränen etwas auszusprechen, das ihm schon lange auf dem Herzen liegt: *„Verzeih, bitte verzeih mir doch.!"*

Angesicht dieses Schmerzes bringt es der Innere Erwachsene nicht fertig, das Kind weiter abzulehnen. Die beiden (Vater und Sohn) nehmen einander in die Arme und weinen und trauern gemeinsam.

Anschließend an den Dialog tauchen Gedanken auf, die der Mann bisher niemals auszusprechen wagte.

„Die Eltern hätten mir diese Aufgabe nie übertragen dürfen. Ich war zu klein, um für das Leben meines Bruders verantwortlich zu sein. Sie haben mir ihre Schuldgefühle zugeschoben. "

Jetzt erst, nachdem der Mann in die emotionale Tiefe der Erlebnisse hinab gestiegen ist und den Vorfall neu erlebt, hat eine Umdeutung der Vorfälle auf tiefer Gefühlsebene begonnen. Die Botschaft an das Innere Kind lautet jetzt: „Du bist ein ganz normales Kind, du darfst dich unschuldig fühlen".

Gesunde Botschaften

Das Ergebnis eines erfolgreich geführten IK–Dialoges ist die liebevolle Verbindung der Kräfte Gefühl und Verstand. In dieser Verbindung lösen sich Zwänge und Verbote auf und es entsteht die Erlaubnis, etwas zu denken, zu fühlen, zu sein, zu tun, das bisher unmöglich schien.

Aus dem „Muss" oder „Darf nicht" wird „dürfen" und „können". Weil sie nicht nur erdacht, sondern im lebendigen Dialog erlebt und erschaffen wurde, durchdringt diese Erlaubnis gedankliche, emotionale und körperliche Ebenen des Selbst und breitet sich dort aus.

– Ich darf fühlen, was ich fühle.

– Ich darf faul sein.

– Ich darf sagen, was ich denke.

– Ich darf anders sein, Ich darf Ich sein.

– Ich darf kämpfen.

– Ich darf gewinnen.

– Ich kann nachgeben.

– Ich bin liebenswert.

Die Liste möglicher guter und gesunder Botschaften ließe sich endlos verlängern.

Stammen diese Botschaften aus dem Dialog mit dem Inneren Kind, dann hat der Mensch sie selbst erspürt und selbst entwickelt. Dann passen sie wie angegossen zu ihm und dringen in die Tiefe seiner Seele ein.

Sie befreien aus Verboten und Zwängen und verändern somit sein Leben. Sie wirken befreiend.

Befreiung

Die Erweiterung individueller Fähigkeiten hat eine Veränderung zur Folge. Der Mensch erlebt die Welt, die Menschen und sich selbst auf Grundlage einer stabileren, gesünderen und heileren Basis.

Das Leben

Wie ist das Leben? Ist es hart? Oder öde? Oder ein Tal der Tränen? Oder sinnlos? Oder ...

Das Leben ist das Leben und die Menschen sind die Menschen. Wer darauf wartet, dass sich das Leben und die Menschen ändern, kann wahrscheinlich lange warten. Denn auf so großer Ebene finden Veränderungen in langen Zeiträumen und nur allmählich statt.

Mit grundlegenden Veränderungen seiner Wahrnehmung kann jeder Mensch jedoch erst beginnen, wenn er in Krisen und Konflikte gerät. Therapie bietet sicher gute Hilfe hierzu. Der Motivierte kann jedoch selbst mit sich arbeiten.[6]

Verändert der Mensch seine Wahrnehmung, verändert sich zwangsläufig auch sein Leben. Dann ist es zwar noch das gleiche Leben und es sind noch die gleichen Menschen. Aber die Wahrnehmung davon ist eine neue. Die Deutungen sind neue. Die Richtlinien sind neue. Das Verhalten ist neu.

– Ein Mensch, der gelernt hat sich zu behaupten, braucht andere nicht als Wölfe und sich als Lamm zu sehen. Er kann sich sicher fühlen. Die Menschen erscheinen ihm nicht bedrohlich. Er braucht sich nicht vorbeugend zurückzuziehen. Er kann sich freier bewegen. Statt ein bedrohtes führt er ein freieres Leben.

– Für einen Menschen, der weinen kann, ist das Leben weniger hart als für jemanden, der sich ständig zusammenreißt. Denn sich zusammenreißen ist hart. Nicht manchmal schwach sein können ist hart. Wer weich sein kann, vermag sich zu biegen ohne zu brechen.

– Für einen Menschen, der gelernt hat zu genießen, der sanft und respektvoll mit sich umgeht, ist das Leben schöner als für einen, der arbeitswütig und verbissen ist und weder Ruhe noch Muße ertragen kann.

– Für einen Menschen, der sich selbst achtet und liebt, ist das Leben harmonischer, friedlicher und freudvoller als für jemanden, durch dessen Selbst ein Riss verläuft, weil er Gefühle ablehnt oder Gedanken ausschließt. Er kann ein selbstbestimmtes Leben führen.

Die Veränderung des Lebens geschieht also durch die Veränderung der Wahrnehmung und als Folge davon des Verhaltens.

Niemand sollte sein ganzes Leben lang auf Schienen fahren, die in seiner Kindheit verlegt wurden. Manche Weichen gilt es umzustellen, neue Gleise in bisher unbekanntes Gebiet zu legen. So überwindet er die Grenzen der Vergangenheit.

Viele Menschen erkennen erst spät, dass ihr Leben in mancherlei Hinsicht auf eingefahrenen Gleisen verläuft. Das ist ganz normal. Denn junge Menschen sind damit beschäftigt, aufzubrechen und auszuprobieren.

Irgendwann stellen sie fest, sich an bestimmten Punkten im Kreis zu drehen oder in eine Sackgasse geraten zu sein. Dann ist es Zeit, sich dem Thema „Lösung von der Vergangenheit" zuzuwenden. Die Arbeit mit dem Inneren Kind liefert einen wichtigen Beitrag hierzu.

Möglichkeiten und Grenzen

Die Beschäftigung mit dem Inneren Kind hilft, Krisen zu durchleben, und fördert die Befreiung von alten Wahrnehmungsmustern. Allerdings geschieht dies nicht in Form von Wundern. Die Umstellung der Wahrnehmung erfordert Aufmerksamkeit und Geduld.

Fassen wir kurz zusammen, worum es bei der Arbeit mit dem Inneren Kind geht.

Situation des erwachsenen Menschen

Menschen gehen mit sich um, wie ihre Eltern mit ihnen umgingen, als sie Kinder waren. Daraus resultieren unnötige Beschränkungen der Erlebensfähigkeit.

Ziel der Arbeit mit dem Inneren Kind

Bei der Arbeit mit dem Inneren Kind geht es darum zu lernen, das, was damals gut war, nicht zu sein und zu tun, mehr zu sein und mehr zu tun. So werden neue Fähigkeiten entwickelt und die Persönlichkeit wird vervollständigt.

Umgang mit dem Inneren Kind

Durch einen bewussten und die Ebenen Körper, Emotion, Verstand und Bewusstheit umfassenden Dialog wird die Beziehung zu sich selbst verbessert und das Leben auf eine erweiterte Grundlage gestellt.

Die Einschränkungen der Vergangenheit machen sich auf zwei unterschiedliche Arten bemerkbar, aus denen sich die Ansatzpunkte der Arbeit mit dem Inneren Kind ergeben:

- in krisenhaften Zuständen, die plötzlich auftauchen oder

- in grundlegenden, das Verhalten bestimmenden Wahrheiten, die einen schleichenden Einfluss haben.

Der Umgang mit plötzlich veränderten Zuständen

Taucht das Innere Kind plötzlich auf und leitet eine krisenhafte Entwicklung ein, empfiehlt sich in vielen Fällen eine therapeutische Begleitung. Hierdurch lassen sich extreme Gefühlszustände auffangen und zugleich bekommt man Hinweise darauf, wie man mit seinen Gefühlen selbst besser umgehen kann. Nur in der Arbeit mit sich selbst erfahrene Menschen werden ohne Begleitung einen Drei-Seiten-Dialog ohne Begleitung führen können.

Der Umgang mit Wahrheiten

Für Menschen, die dem schleichenden Einfluss des Inneren Kindes auf der Spur sind, empfiehlt sich die Reflexion seiner Annahmen. Das kann in Seminaren oder in der Arbeit mit sich selbst passieren. Das schließt den Umgang mit den scheinbaren Wahrheiten, an die das Innere Kind und der Innere Erwachsener glauben, mit ein.

Hilfen zu dieser Reflexion bieten die Online-Seminare 'Selbstliebe' und 'Das Innere Kind' und das Arbeitsbuch 'Anleitung zur Selbstliebe'.[7]

Was die Arbeit mit dem Inneren Kind nicht leisten kann

Seit der Begriff des Inneren Kindes relativ große Verbreitung gefunden hat, ist viel Gutes und viel Unsinn damit angestellt worden. Wenn – wie es im Bereich der Therapie häufig zu beobachten ist – sich Heilsverkünder und Heilssuchende begegnen, werden unrealistische Versprechen gemacht und gierig aufgenommen.

Der leidende Mensch will oftmals den Einfluss der Kindheit „loswerden" statt sich damit auseinanderzusetzen. Er will Dinge „können", anstatt sie zu lernen. Er sucht Menschen, die ihm „geben", was er nur selbst entwickeln kann.

In diesem Rettungsspiel wird der Mensch wiederum das Opfer des Inneren Kindes und Dunkler Erwachsener. Eines Kindes, das von einer wundersamen Erlösung aus einer schwierigen Situation träumt, darauf, den „richtigen" Therapeuten zu finden, der ihm mit der „richtigen" Methode hilft. Und Dunkler Erwachsener, die in Gestalt von Gurus und Befreiern dieses Wunder der Erlösung versprechen und verkaufen.

Dabei ist es selbstverständlich, dass die Umstellung individueller Wahrnehmung Zeit und Geduld erfordert.

Denn im Grunde muss der Mensch ja eine neue Art der Wahrnehmung lernen. Das ist vergleichbar damit, eine neue Sprache zu lernen. Wer beispielsweise Russisch oder Chinesisch lernen möchte, weiß, dass dies nicht in zwei Wochen zu vollbringen ist. Ein guter Umgang mit dem Inneren Kind wird mehr Zeit erfordern.

Gleiches gilt für die Neuschreibung der persönlichen Geschichte. Auch diese Aufgabe ist nicht im Schnellverfahren zu bewältigen. Wer aber die Energie aufbringt, sich selbst mit dem Inneren Kind zu befassen, der wird durch ein größeres Maß an Selbstliebe und Selbstakzeptanz belohnt.

Nicht wenige Menschen, die sich in Therapie begeben oder Seminare besuchen, tun dies in der Hoffnung, damit quasi ein für alle Mal von den Themen der Kindheit befreit zu werden. Doch geht das überhaupt? Kann man sozusagen „vorweg" oder in einer Art „Waschgang" die Vergangenheit aufarbeiten?

Die klare Antwort lautet: Nein! Es geht nicht aus einem ganz einfachen Grunde: weil keine Therapie und kein Seminar die Auslöser hervorbringen kann, durch die jemand auf tiefste existenzielle Ebenen geworfen und damit in die frühkindliche Wahrnehmung versetzt wird. Kein Seminar kann beispielsweise einen Todesfall simulieren oder das Verlassenwerden. Solche Auslöser geschehen im Alltag.

Aber Therapie und Seminare bieten gute Möglichkeiten, bereits ausgelöste Prozesse zu begleiten und damit sicherzustellen, dass es nicht zu einer bloßen Wiederholung der kindlichen Erfahrungen kommt, sondern der Prozess zur Erweiterung der Wahrnehmung genutzt wird. Zur Arbeit mit sich selbst: Auch das erfordert Geduld, Bereitschaft und Übung. Das ist nicht jedermanns Sache.

Wann die Arbeit mit dem Inneren Kind nicht angebracht ist

Bestimmte Krisen können so stark sein, dass der Mensch von der Kraft seiner Bewusstheit für eine Weile abgeschnitten ist. In diesem Fall bedarf der Mensch der Behandlung durch einen qualifizierten Psychotherapeuten.

Professionelle Hilfe ist ebenfalls angesagt, wenn der Leidensdruck sehr groß ist und die Gefahr besteht, den Alltag nicht länger bewältigen zu können.

Davon Betroffene sollten therapeutische Hilfe bei einem tiefenpsychologisch arbeitenden Psychologischen Psychotherapeuten aufsuchen, die Kosten dafür werden von den Krankenkassen übernommen.

Übungen

Die folgenden Übungen stehen in Bezug zu dem Buch Selbsterforschung von Michael Mary und Henny Nordholt.

Zwänge erkennen und Erlaubnis geben

Diese Übung dient dem Aufspüren des schleichenden Einflusses der Vergangenheit. Mit ihr können die hinter einem Verhalten liegenden Zwänge erkannt werden. Anschließend wird nach der Erlaubnis gesucht, die man sich selbst geben kann.

Ausgang:	Ein Verhalten, unter dem ich leide und das ich schlecht kontrollieren kann.
Zwang:	Ich schließe die Augen und beschreibe das Verhalten mit den Worten: „Ich muss ...“
Sonst:	Ich besinne mich und achte darauf, welche Sätze auf die Worte: „Sonst ...“ auftauchen.
Verbot:	Wenn ich das muss, darf ich etwas anderes nicht. Ich formuliere das in den Worten „Ich darf nicht ...“
Sonst:	Ich achte auf die Befürchtungen, die damit verbunden sind: „Sonst ...“
Erlaubnis:	Ich lasse mir Zeit, mich zu spüren und achte darauf, was mit den Worten: „Am liebsten würde ich ...“ auftaucht.
Integration:	Ich reflektiere, was mir klar geworden ist. Was will ich mir erlauben? Wie kann ich das tun?

Als weiterführende Übung empfehlen sich die Sonden.

Erlaubnis durch Sonden

Manchmal weiß man nicht, was mit einem los ist und was einem guttun würde. Oder man meint, etwas Bestimmtes zu brauchen oder nicht zu brauchen. Diese Gedanken stammen zu einem Großteil aus dem Bewusstsein und lassen das Unbewusste außer Acht. Sonden sind eine gute Möglichkeit, Informationen aus tieferen Ebenen als den gedanklichen zu erhalten. Sie machen klar, was man braucht, geben Kraft und wirken heilend. (Der Gebrauch von Sonden hat nichts mit positivem Denken zu tun! Im positiven Denken denkt das Ich sich etwas aus und versucht dann, sich damit zu hypnotisieren. Bei Sonden nimmt man wahr, wie der Körper auf eine Aussage reagiert.)

Eine Sonde ist eine verbale Botschaft, die abgeschickt wird und den Körper erreicht. Wenn der Körper die Sonde ablehnt, baut er eine Grenze auf und lässt sie „draußen". Oder aber er nimmt sie auf, und sie breitet sich in ihm aus. So zeigen diejenigen Sonden, die man annehmen kann, entweder den eigenen Zustand an oder die eigenen Bedürfnisse.

Ein Beispiel hierfür wäre die Aussage: „Es ist alles gut." Diese Sonde konnte ein Übender nicht annehmen, weil sie sich nicht mit seinem Empfinden deckte. Der Körper ließ sie „draußen". Erst die veränderten Sonde „Es wird alles wieder gut werden" konnte der Körper aufnehmen, sie wirkte. Beispiele für mögliche Sonden:

- Es ist in Ordnung, eifersüchtig zu sein.
- Es ist in Ordnung, verzweifelt zu sein.
- Du bist wichtig.
- Du darfst ruhig mal ...
- Es ist in Ordnung, müde zu sein.

Sonden sind Experimente und können Gefühle auslösen, und es kann gut sein, diesen Gefühlen nachzugeben. Beispielsweise mag die Sonde „Du darfst ruhig traurig sein" jemanden weinen lassen. Die Sonde „Du darfst dich freuen" kann jemanden dazu bringen, zu lächeln oder sich zu entspannen.

Sonden senden

Die Übung kann ich allein machen oder mit einem Partner.

Anlass: Ich will herausbekommen, was mir fehlt, oder ich will erfahren, was mir Kraft gibt.

Körper: Ich setze/lege mich bequem hin, schließe die Augen und spüre meinen Körper.

Hören: Dann höre ich in mich hinein. Welcher Satz, wenn ihn jetzt jemand aussprächte, würde mir guttun?

Sonde: Wenn ich die Übung allein mache, spreche ich den Satz aus. Sonst sage ich dem Partner: „Sage mir . (die Sonde) "

Partner: Der Partner sagt die Sonde unverändert und genau in der von mir gewünschten Art und Weise. Sonden, die sich auf das persönliche Verhältnis der Übenden beziehen, sind ausgeschlossen (bspw.: „Sag mir, dass du mich magst.")

Körper: Dann nehme ich wahr, wie mein Körper auf die Sonde reagiert. Lehnt er sie ab? Nimmt er sie an?

Wirkung: Lehnt der Körper sie ab, lasse ich mir eine andere, besser passende Sonde geben. Nimmt der Körper sie an, genieße ich die Sonde und lasse mir Zeit.

Gefühle: Welche Gefühle tauchen auf?

Hören: Ich höre weiter in mich hinein. Will ich die Sonde korrigieren? Taucht der Wunsch nach einer anderen Sonde auf? Ich traue mich zu gewagten Sonden.

Sonde: Ich spreche die neue Sonde aus/lasse sie mir geben.

Ablauf: Dem Wechsel von Nach–Innen–Hören und die Sonde
            erhalten und nachspüren folge ich, bis ich „satt" bin.

Integrati- Was ist mir klar geworden?
on: – Was habe ich über meinen Zustand erfahren?
            – Was brauche ich?
            – Was ist momentan für mich wichtig?

Dialoge

Dialoge zu führen bietet die Möglichkeit, mit emotionalen Zuständen umzugehen. Eine Voraussetzung dafür, den Dialog selbstständig durchzuführen, besteht darin, sich selbst zuhören und zusehen zu können, also über Metafähigkeiten zu verfügen. Ist diese Voraussetzung nicht gegeben, stellt eine Therapie die bessere Wahl zum Umgang mit emotionalen Zuständen dar.

Einen einfachen Drei–Seiten–Dialog führen

In dieser Form eines Dialoges werden dialogführenden Seiten durch die Kräfte benannt, für die sie stehen. Stellen Sie sich dazu ein gleichseitiges Dreieck vor, dessen Eckpunkte jeweils etwa einen Meter auseinander liegen. Ein Eckpunkt steht für Gefühle, der zweite für den Verstand und der dritte für die neutrale Kraft der Bewusstheit. Es sprechen also drei Personen miteinander: Inneres Kind, Innerer Erwachsene und die Bewusstheit.

Im Dialog wechseln Sie zwischen Gefühl und Verstand und lassen diese beiden Kräfte miteinander sprechen. Sollte sich der Dialog festfahren, machen Sie einen Schritt zur Bewusstheit und beschreiben Sie von dort aus neutral die Situation. Teilen Sie ohne jede Wertung mit, was Ihnen auffällt, dann geht der Dialog weiter. Wichtig ist es, die Standpunkte sauber zu trennen und jede der drei Kräfte nur aus ihrer Position sprechen zu lassen. Ziel des Dialoges ist es, einen Kontakt in gegenseitiger Anerkennung und Respekt zu schaffen und aus diesem Anregungen zum Umgang mit der Situation zu schöpfen.

Ausgangs-punkt:	Ausgangspunkt ist ein Innerer Konflikt, in dem sich Fühlen und Denken gegenüberstehen. Benennen Sie das Thema!
Seiten:	Legen Sie zuerst im Raum die drei Positionen fest. Dann schließen Sie die Augen.
Eröffnung:	Beginnen Sie mit dem Standpunkt, der in Ihrer Wahrnehmung im Vordergrund steht: dem Gefühl oder dem Verstand. Legen Sie ihren Zustand dar. Was fühlen/denken Sie?
Wechsel:	Wechseln Sie die Seite und legen Sie deren Zustand dar. Wie antworten Sie von dort?
Dialog:	Führen Sie einen Dialog, so wie ihn zwei Menschen führen würden: einerseits ein fühlender und andererseits ein denkender Mensch. Wechseln Sie zwischen den Seiten hin und her und geben Sie jeder Seite Gelegenheit, sich vollständig auszudrücken.
Bewusst-heit:	Gehen Sie einige Male auf die Position der Bewusstheit und betrachten Sie diese beiden Menschen, die sich da unterhalten. Wie ist der Kontakt? Beruht er auf Respekt und Anerkennung beider Seiten? Sprechen Sie Ihre Beobachtungen aus, ohne parteiisch zu sein.
Informati-on:	Sie werden auf diese Weise eine Menge Informationen erhalten. Führen Sie den Dialog, bis Gefühl und Verstand in Bezug auf das Thema ein gutes Verhältnis zueinander entwickeln.
Resultat:	Zu welcher Einigung/zu welchem Ergebnis kommen die beiden Seiten?
Resümee:	Halten Sie Welche Informationen haben Sie bekommen? Was haben Sie über Ihre Gefühle/Gedanken Neues erfahren?

Einen erlebten Drei-Seiten-Dialog führen

In dieser Form des Dialogs wird den Kräften Gefühl und Verstand ein körperlicher Ausdruck gegeben. Stellen Sie sich wieder ein gleichseitiges Dreieck vor, dessen Eckpunkte jeweils etwa einen Meter auseinanderliegen. Auf einem Eckpunkt steht ein Kind, auf dem zweiten ein Erwachsener und auf dem dritten eine weise Gestalt.

Im Dialog wechseln Sie zwischen Kind und Erwachsenem und lassen diese beiden Kräfte miteinander sprechen. Diesmal kommt hinzu, dass das Kind und der Erwachsene die zu ihren Worten und Zuständen passenden *Körperhaltungen und Gesten* einnehmen.

Sollte sich der Dialog festfahren, machen Sie einen Schritt zur weisen Gestalt hin beschreiben Sie von dort aus neutral die Situation. Teilen Sie ohne jede Wertung mit, was Ihnen auffällt, dann geht der Dialog weiter. Wichtig ist es, die Positionen, die Körperhaltungen und die Gebärden der Figuren sauber voneinander zu trennen. Jede Seite erhält Gelegenheit, sich vollständig auszudrücken.

Ziel des Dialoges ist es, einen Kontakt zwischen dem Kind und dem Erwachsenen zu erhalten, wie liebende Eltern und sich geliebt fühlende Kinder ihn haben und aus diesem Kontakt heraus einen Umgang mit dem betreffenden Thema zu finden, um das es im Dialog geht.

Das Beispiel finden Sie auf der nächsten Seite.

Anfang:	Innerer Konflikt, in dem sich Fühlen + Denken gegenüberstehen. Benennen Sie das Thema.
Seiten:	Legen Sie zuerst im Raum die drei Positionen fest. Schließen Sie die Augen.
Kind:	Beginnen Sie den Dialog mit dem Kind. Es drückt aus, wie es sich fühlt und nimmt die dazu passenden Körperhaltung ein. (Liege, sitzen, stehen, Gesten).
Erwachsener:	Wechseln Sie auf die Seite des Erwachsenen und betrachten Sie das Kind. Teilen Sie ihm ihre Gedanken in der dazu passenden Körperhaltung mit. Nehmen Sie gleichzeitig wahr, wie das Kind darauf reagiert.
Kind:	Wechseln Sie wieder die Seite, nehmen Sie die Haltung ein, mit der das Kind auf den Erwachsenen reagiert, und äußern Sie sich als Kind. Was halten Sie vom Erwachsenen? Nehmen Sie gleichzeitig wahr, wie er reagiert, welche Körperhaltung er jetzt einnimmt.
Dialog:	Führen Sie den inneren Dialog, so wie ihn zwei Menschen in der Außenwelt führen würden: ein Kind und ein Elternteil, mit wechselnden Haltungen und Gesten.
Bewusstheit:	Gehen Sie einige Male auf die Seite der Bewusstheit und betrachten Sie diese beiden, die sich da unterhalten. Es handelt sich um Mutter/Kind oder Vater/Kind. Beruht ihr Kontakt auf Liebe und gegenseitiger Anerkennung? Sprechen Sie Ihre Beobachtungen aus, ohne parteiisch zu sein.
Dialog:	Führen Sie den Dialog weiter, bis sich beide Seiten ausgedrückt haben und ein gutes Verhältnis miteinander entwickelt haben.

Resultat:	Zu welcher Einigung/zu welchem Ergebnis kommen Kind und Elternteil? Wie ist ihr Körperkontakt?
Resümee:	Welche Informationen haben Sie bekommen? Was haben Sie über Ihre Gefühle/Gedanken erfahren? Wozu haben Sie sich entschieden?

Über den Autor

Michael Mary ist einer der bekanntesten deutschen Paar-, Individual- und Singleberater. Er ist Autor von mehr als 30 Büchern und hat für den NDR und SWR etliche Paarberatungssendungen durchgeführt. Er arbeitet auf Grundlage der von ihm entwickelten Methode 'Erlebte Beratung' in Hamburg, wo er neben Beratungen auch Workshops und Fortbildungen anbietet.

www.michaelmary.de

Besuchen Sie seinen shop, dort finden Sie Bücher, Ebooks, Videos und Online-Workshops. www.nordholt.de/shop

[1] Die Transformations–Pyramide

[2] Siehe hierzu vom Autor 'Lebe deine Träume', Nordholt-Verlag als print oder eBook.

[3] Siehe zu den merkwürdigen Wegen, auf denen Erlaubnis gesucht wird vom Autor 'Change – Lust auf Veränderung', Nordholt-Verlag als Print oder eBook.

[4] Zur Bedeutung von Krisen als Wegweiser durchs Leben siehe 'Das Leben lässt fragen, wo du bleibst', Nordholt-Verlag als Print oder eBook.

[5] Siehe hierzu ausführlich „Das Leben lässt fragen, wo du bleibst – wer etwas ändern will, braucht ein Problem".

[6] Siehe hierzu von Mary/Nordholt: Selbsterforschung

[7] Infos hierzu auf der Homepage des Autors.